Studien zu Politik und Wissenschaft

Peter Behrens

Spannungsfeld Individualinteresse und Gemeinsinn

Politische Bildung als Anwendungsgebiet der Inneren Führung in der Bundeswehr

WOCHEN SCHAU VERLAG

Deutsche Bibliothek – CIP-Einheitsaufnahme

Behrens, Peter : Spannungsfeld Individualinteresse und Gemeinsinn :
politische Bildung als Anwendungsgebiet der Inneren Führung in der
Bundeswehr / Peter Behrens.
– Schwalbach/Ts. : Wochenschau-Verl., 2001
    (Studien zu Politik und Wissenschaft)
    ISBN 3-87920-480-2

© by WOCHENSCHAU Verlag
    Schwalbach/Ts. 2001

Umschlag: Umbruch
Titelzeichnung: Burkhard Mohr
Printed in Germany
Gedruckt auf chlorfreiem Papier
ISBN 3-87920-480-2

„Wir müssen uns daran erinnern, daß wir als Bürger dieses Landes
Pflichten haben. Wenn wir resignieren, uns abseits halten,
nicht mehr zur Wahl gehen und nur immer nörgeln, wird das,
was in vierzig Jahren geleistet wurde, wieder verlorengehen.
Unsere Pflichten? Die Demokratie hüten und bewahren,
sich also politisch engagieren,
nicht nur Ansprüche stellen,
sondern an das Gemeinwohl denken."

Dönhoff, Marion; Miegel, Meinhard; Nölling, Wilhelm; Schmidt, Helmut;
Schröder, Richard und Thierse, Wolfgang:
„Ein Manifest
– Weil das Land sich ändern muß".
Reinbek 1992

Koblenz, 29.11.01

Mit herzlichen
Grüßen und
allen guten Wünschen
für die Zukunft!
Ihr
[Unterschrift]

Inhalt

Einführung in das Thema

Es gibt keine neue Weisheit,
und der ist der Weiseste,
der dies weiß
und danach handelt.

Theodor Fontane

„Sie leben ihren Vergnügungen, sind laut und lärmig, ihre Wohnungen sind zu klein, der Streß ist dafür um so größer. Sie sind nervös, aggressiv, depressiv. Sexuell neigen sie zu perversen Praktiken. An die Kinder und Enkel denken sie nicht. So gedanken- wie bedenkenlos holzen sie die Wälder ab, setzen den Boden der Erosion aus und vergeuden die Ressourcen der Erde. Sie untergraben ihre natürlichen Lebensbedingungen auf schlimmste Weise. Die Folgen reichen von der Entwaldung bis zur Bleivergiftung.

Der Einklang von Natur, Politik und Moral, Voraussetzung für die Blüte eines Gemeinwesens, geht mehr und mehr verloren. Das Individuum gilt mehr als die Gemeinschaft, die Egozentren steigern sich zur nackten Selbstsucht. Wer nur an sich denkt, hat auch keine Lust auf Elternschaft. Die ‚Brut‘ ist lästig, aber man kann sie ja verhindern. Verhütungs- und Abtreibungspraktiken werden vor allem von den Wohlhabenden reichlich genutzt. Heiraten ist außer Mode, Scheidungen nehmen zu, die Geburtenraten rapide ab.

Für niedere Arbeiten ist sich das selbstsüchtige Volk zu schade, Ausländer müssen her fürs Grobe. Fremde, die zupacken, fleißig sind, bescheidenen Wohlstand ansammeln, Kinder zeugen. Auch sie halten den Untergang nicht auf. Eine Weltmacht stirbt.

Meine Güte. Schon wieder so ein Geisterszenario vom Zerfall Deutschlands? Keine Spur. Die Rede ist vom *Untergang Roms.* Aber aktuell ist die Liste der Verfallsfaktoren heute noch. Und Rückschlüsse läßt sie darauf zu, welche Wege zu meiden sind, soll uns das Schicksal des alten Rom nicht ereilen". (Deutsches Allgemeines Sonntagsblatt, Nr. 42 vom 21.10.1994, S. 21)

Zwar sind die Lebensumstände des heutigen Deutschland nicht mit denen

des alten Rom vergleichbar (siehe „Ein Tag in Deutschland", Schaubild 1, S. 43). Gleichwohl ist in der Geschichte und auch in der Gegenwart des Denkens, das sich mit der Gesellschaft befaßt, die Frage nach dem Verhältnis, gar einem möglichen *Spannungsverhältnis* zwischen Individualität und Gemeinsinn zentral. Sie steht mit einer der politischen Kernfragen in einem engen Zusammenhang: Ist eine liberale Ordnung aus sich selbst heraus lebens- und überlebensfähig? Oder bedarf sie zur Stabilisierung eines Angebots von Wertorientierungen, deren Ursprung außerhalb ihrer selbst liegen?
Die Aspekte, die hier zu berücksichtigen sind, sind vielfältiger Natur:

- Wie läßt sich in einer liberalen, das Individuum in den Mittelpunkt stellenden Gesellschaft überhaupt ein Begriff des *Gemeinwohls* und damit des Gemeinsinns aufrechterhalten? Wer bestimmt, was Gemeinwohl ist? Steht der Begriff des Gemeinwohls nicht per se unter Ideologieverdacht?
  In einem pluralistischen Gemeinwesen kann die Antwort nur lauten: Es ist die Aufgabe demokratisch gewählter Institutionen wie Regierung und Parlament festzulegen, welche Entscheidungen dem Gemeinwohl entsprechen und welche nicht. Was dem Gemeinwohl entspricht, wird also im demokratischen Abstimmungsprozeß entschieden.

- Stellt sich dadurch, daß das rationale Kalkül der Individuen auf ihr eigenes Interesse gerichtet ist, automatisch das Gemeinwohl ein?
  Viel ist schon geholfen, wenn die Staatsbürger gewillt sind, an der Bestimmung des Gemeinwohls in der öffentlichen Debatte mitzuwirken und bei der erforderlichen Interessenabwägung seine eigenen Interessen in gebotenem Umfang zurückzustellen. Ist diese Bereitschaft hergestellt, ist der erste Schritt auf dem Weg zum Gemeinsinn getan.

- Folgen die Individuen nicht auch *Wertorientierungen*, die ihr rationales Eigeninteresse überschreiten? Wie kommen sie zu diesen Wertorientierungen?

- Welches Recht kommt dem Staat (aber auch der Gesellschaft) in einer liberalen Ordnung zu, bestimmte Wertorientierungen in bezug auf das Gemeinwohl als mehrheitlich verbindlich zu betrachten, zu fördern oder gar einzufordern?

Die Frage nach *Individualität* und *Gemeinsinn* erhält ihre besondere Sensibilität vor dem Hintergrund der jüngsten deutschen Vergangenheit: Die Erfahrung zweier totalitärer Systeme im vergangenen Jahrhundert schärft das kritische Bewußtsein, wenn heute von Gemeinwohl und Gemeinsinn die

Rede ist. Sie läßt es uns als Staatsbürger in einem demokratischen Staat als notwendig erscheinen, sich mit diesen Begriffen auseinanderzusetzen – in einem Sinn, der sie mit dem Einzelnen, seiner Würde, seinen Interessen und seinem Wohlergehen in Einklang zu bringen sucht.

Die Aktualität des Themas „Individualität und Gemeinsinn" erweist sich nicht nur an den Diskussionen exklusiver Expertenkreise über *Kommunitarismus* und *Liberalismus* (siehe Kapitel 3.3, S. 22). Vielmehr steht es im Zentrum einer breiten Debatte über unterschiedliche Aspekte:

- Hat das *Ehrenamt* noch eine Zukunft?
- *Politik- / Politiker- / Parteienverdrossenheit* / Wahlenthaltung,
- *Desillusionierung* hinsichtlich der „großen, gesellschaftlichen Entwürfe" / Hinwendung zum Engagement bei konkreten, überschaubaren Themen in einem kleineren Zusammenhang,
- *Krise des (Post-68er-) Erziehungswesens.* Mehr Verbindlichkeit, Vorbilder, Orientierungsangebote statt „Laissez faire"?
- *Wertewandel* / Individualisierung (auch im Stil des Engagements) / Auflösung traditioneller Milieus,
- *Wirklichkeitszugang* eher durch Medien als durch *soziales Handeln,*
- *Wehrdienst / Zivildienst / „Soziales Pflichtjahr".*

Eine Wiederbelebung des Gemeinsinns auf der Grundlage der Stärkung von Familie, Partnerschaft und Freundeskreisen hat der damalige Bundespräsident *Roman Herzog* in einer Rede vor Mitgliedern der *„Aktion Gemeinsinn"* in Eisenach gefordert. Eine Gesellschaft, die den Gemeinsinn aus ihrer Mitte verliere, gehe „ihrer Seele" verlustig, so Herzog. Zugleich stellte er das Defizit an Gemeinsinn in einen Zusammenhang mit einem allgemeinen Umbruch der Werte und Normen der Gesellschaft. Freiheit, Selbständigkeit, Toleranz und Offenheit hätten zwar enorm an Strahlkraft gewonnen. Aber diese Entwicklung habe parallel „zu einer Krise jener Institutionen" geführt, „deren Aufgabe es ist, Werte zu vermitteln: der *Schulen,* der *Kirchen,* der *Wohlfahrtsverbände* und – nicht zuletzt – der *Familien".* Die starke Stellung des Individuums in unserer Gesellschaft habe somit auch unübersehbare Schattenseiten. Vereinsamung ebenso wie Vereinzelung von Menschen würden inzwischen zu einem Problem.

Wie in kaum einem anderen Beruf werden *Soldaten* ständig mit den Herausforderungen im Spannungsfeld zwischen Individualität und Gemeinsinn konfrontiert. Auch und gerade hier wirkt die Innere Führung.

Die Ziele der Inneren Führung werden im *Leitbild des Staatsbürgers in Uniform* verdeutlicht, das idealtypisch die Forderungen an den Soldaten der Bundeswehr beschreibt,
— eine freie Persönlichkeit zu sein,
— als verantwortungsbewußter Staatsbürger zu handeln,
— sich für den Auftrag einsatzbereit zu halten.
Der Begriff *„Staatsbürger in Uniform"* steht für das *Leitbild*, an dem sich militärische Führung, Erziehung und Ausbildung in den Streitkräften zu orientieren haben.

Es ist das Leitbild von der freien Persönlichkeit, die weitgehend alle Rechte und Freiheiten genießt — aber auch den Pflichten eines Bürgers unseres freiheitlichen, demokratischen Rechtsstaates und den besonderen Pflichten des Soldaten unterliegt.

Es ist das Leitbild vom *verantwortungsbewußten Staatsbürger*, der auch als Soldat in der Lage ist, die politischen Ursachen, Bedingungen und möglichen Folgen seines Handelns zu begreifen und der als mündiger Soldat die Rahmenbedingungen seines Dienstes in den Streitkräften verantwortlich mitgestaltet.

Es ist das Leitbild vom *wehrhaften Demokraten*, der als einsatzbereiter Soldat aus Überzeugung sein Land verteidigt, aber auch zur Sicherung des Friedens und der Menschenrechte in der Welt bereit ist (siehe Schaubild 2).

Allgemein gilt: Spannungen zwischen den militärischen Erfordernissen und den Rechten und Freiheiten des Bürgers können durch die *Innere Führung* erklärt, begründet und gemildert, nicht jedoch völlig aufgehoben werden.

Einen wichtigen Beitrag dazu, diese Spannungen abzubauen, leistet die *politische Bildung* — sie wirkt in einem der insgesamt zehn Anwendungsbereiche der Inneren Führung. Sie steht in enger Wechselbeziehung zu den übrigen Bereichen wie Menschenführung, Recht und Soldatische Ordnung, Betreuung und Fürsorge oder Dienstgestaltung und Ausbildung.

Nach Auffassung der Bundeszentrale für politische Bildung sind es im wesentlichen die folgenden gesellschaftlichen Realitäten und Herausforderungen, mit denen sich politische Bildung — auch in der Bundeswehr — konfrontiert sieht:
— „Schwindendes Wertebewußtsein und sinkende Akzeptanz demokratischer Spielregeln gefährden den freiheitlichen Rechtsstaat.
— Intoleranz, Fremdenfeindlichkeit und Gewaltbereitschaft verstärken die Tendenz abnehmender Solidarität mit dem Nächsten.

– Gruppenegoismen führen zu Skepsis gegenüber dem deutschen und dem
europäischen Einigungsprozeß.

– Wachsendes Mißtrauen gegenüber traditionellen Einrichtungen des politischen Lebens behindern Engagement" (Jahresbericht 1994, Bundeszentrale für politische Bildung).

Vor diesem Hintergrund werden im Folgenden zunächst *Grundbegriffe* wie
Demokratie und politische Bildung definiert. Anschließend werden mit den
Begriffen „Wertewandel", „Individualismus", „Gemeinwohl/-sinn", „Politikverdrossenheit" und „Gewalt/Konflikte" *Problemfelder* angeleuchtet, denen
sich die politische Bildungsarbeit zu stellen hat. Im Hauptteil werden *Hand-
lungsalternativen* skizziert, durch die politische Bildung im Spannungsfeld
zwischen individuellen Interessen und solidarischem Eintreten für das Gemeinwohl mittel- und langfristig mithelfen kann, Bewußtseins- und Verhal-
tensänderungen bei uns als Individuum, Staatsbürger und Soldat zu bewirken.

Die Ausführungen liefern keine fertigen Handlungsanweisungen. Sie versuchen vielmehr, *Denkanstöße* zu geben, um das *Problembewußtsein* des
Einzelnen zu aktivieren und *persönliche Betroffenheit* hervorzurufen. Sie sind
gedacht als Arbeitshilfen zur politischen Bildung auf der Suche nach möglichen Antworten auf die Frage, was Staat und Politik, was Schule, Kirche und
Medien, was jeder von uns in der Familie und im Freundeskreis tun kann, um
durch praktische Bildungsarbeit den dargestellten Herausforderungen bzw.
den gesellschaftlichen Realitäten zu begegnen. Als weiterführende benachbar-
te Themenkreise kommen z. B. „Extremismus" und „Fremdenfeindlichkeit"
in Betracht. Die exemplarischen Handlungsangebote sollen zum Nachdenken
und zur Diskussion anregen. Vielleicht gelingt es, hierdurch Interesse zu
wecken, sich mit den vielfältigen individuellen Möglichkeiten politischer
Bildungsarbeit intensiver zu beschäftigen. Die Überlegungen wenden sich mit
den *methodisch-didaktischen Hinweisen* an jeden Einzelnen, eignen sich aber
auch zur Arbeit in Kleingruppen.

Literaturverzeichnis und Materialienanhang stellen nur eine kleine Aus-
wahl zugänglicher Hilfsmittel dar. Bei der Suche nach zusätzlichem Material
ist das Zentrum Innere Führung, Bereich 3 „Politische Bildung", für Angehö-
rige der Bundeswehr gerne behilflich.

1. Grundlagen

Demokratie heißt,
daß sich die Leute in
ihre eigenen Angelegenheiten
einmischen.

> *nach Max Frisch*

1.1. Unter dem Begriff „*Bildung*" soll im folgenden die „durch Erziehung zu
unterstützende, jedoch vom Einzelnen selbst lebenslänglich zu erlernen-
de Fähigkeit und Bereitschaft zur individuellen und gesellschaftlichen
Emanzipation und Mündigkeit" (nach E. Weber) verstanden werden.

1.2. *Politische Bildung* ist der Teil der politischen Sozialisation, der im Rahmen gesellschaftlicher Institutionen vermittelt wird mit dem Ziel, die
Voraussetzungen für Verständnis und aktive politische Teilnahme am
gesellschaftlich-politischen Leben der Demokratie zu schaffen.
Die in der Zentralen Dienstvorschrift 12/1 („Politische Bildung") nie-
dergelegten *allgemeinen* und *besonderen Ziele* (siehe Schaubild 3 und 4)
verdeutlichen, daß es sich bei diesem anspruchsvollen Bildungsprozeß
um eine „Zweibahnstrasse" handelt, in der sowohl der Ausbilder wie
auch der „zu Bildende" gleichermaßen gefordert sind. Auch wird an diesen Zielen deutlich, daß es in der politischen Bildung nicht eine Muster-
lösung für die Behandlung wertalternativer Themen geben kann und
daß sich Methoden der Indoktrination dabei von vornherein ausschlie-
ßen.

1.3. *Demokratie:* Ein System muß eine grundlegende Bedingung erfüllen, um
als demokratisch bezeichnet werden zu können: Die Bürger müssen das
Recht haben, ihre Regierung frei zu wählen und ihre Interessen einzubringen. Dieses Recht gilt für alle Mitglieder des Gemeinwesens im Rahmen des Grundgesetzes.

1.4. *Gemeinsinn* ist das Bewußtsein der Zusammengehörigkeit einer größe-
ren Gruppe, in der man lebt, und das hieraus entspringende Verständnis
für die sittliche Verpflichtung, auf das Wohl dieser Gruppe Rücksicht zu

nehmen und, wenn nötig, dafür auch Opfer zu bringen, und aktiv dafür einzutreten.

Gemeinwohl ist das allgemeine Wohl, das die naturrechtlichen Gesell-schaftsprinzipien systematisch verbindende oberste Sozialprinzip, ver-standen als Gesamtheit der Zielsetzungen des Gemeinwesens wie als dessen geordneter Zustand.

1.5. *Individualismus* meint ursprünglich die in der Einzigartigkeit des Men-schen verankerte Behauptung und Entfaltung der Eigenart und des Ei-genrechts des menschlichen Individuums .

Vertiefende Fragen

→ Wodurch ist das, was wir Gemeinsinn nennen, begründet?

→ Falls das Wirken des Staates von einer gewissen Portion Gemeinsinn abhängt: Wie kann das Entstehen von Gemeinsinn gefördert werden?

→ Wieviel Gemeinsinn haben wir?

2. Problemfelder

2.1. Wertewandel

In Zeiten nachlassender Konjunktur, hoher Arbeitslosigkeit und anderer drängender Probleme erinnern sich die Menschen daran, was den Sinn ihres Lebens ausmacht, für welche Werte sie einstehen. Die Rede von Wertewandel, Werteverlust oder Werteverschiebung macht die Runde. Angemahnt wird für einen erforderlichen Wertekonsens die Vermittlung gemeinsamer Werte durch Schule, Elternhaus und Politik, unter anderem auch mittels politischer Bildung.

„In Zeiten des raschen Wandels brauchen wir Werte, die uns Orientierung bieten – als Maßstab und Legitimation für den Einsatz und als Halt und Richtschnur für den Soldaten, der wissen muß, wofür er einsteht. Das Reformwerk der Konzeption der Inneren Führung ist in einer Zeit entstanden, als wir Deutschen den tiefsten geistigen und politischen Umbruch in unserer Geschichte zu bewältigen hatten. Ich will es auch hier noch einmal ganz klar unterstreichen: Die Innere Führung für die Herausforderungen der Zukunft weiterzuentwickeln – das ist mir ein wichtiges persönliches Anliegen." (Bundesminister der Verteidigung, Rudolf Scharping, am 17.2.1999 an der Führungsakademie der Bundeswehr in Hamburg)

Seit Jahren diskutieren Sozialwissenschaftler darüber, daß die konsequente Durchsetzung des Selbstbestimmungsrechtes der Individuen die Grundlagen der freiheitlichen, demokratischen Gesellschaftsordnung zerstöre und daß ein schwindendes Wertebewußtsein den freiheitlichen Rechtsstaat gefährdet.

Unbegrenzte individuelle Freiheitsvorstellungen führen zur Auflösung der sozialen Beziehungen und hinterlassen Menschen, die am Ende nur noch sich selbst haben, die einsam und verlassen sind. Eine schrankenlose individuelle Freiheitsentfaltung führt schließlich zur Zerstörung von Freiheit und Demokratie.

Während für frühere Generationen Pflichtbewußtsein, Fleiß oder Ordnungssinn selbstverständlicher Bestandteil der Arbeit waren, scheint es heute eine Vielzahl von Arbeitsauffassungen zu geben, die im Spannungsfeld zwischen Last und Lust, zwischen Freude und Frust liegen. So wird von der „Sinnkrise" des beruflichen Alltags gesprochen. Begriffe wie „innere Kündigung" oder „innerer Vorruhestand" und „Leistungsverweigerung" machen zumindest in einer Minderheit die Runde.

Ganz allgemein wird von den einschlägigen Wissenschaften ein spürbarer Wandel weg von den sogenannten eher traditionell-konservativen Pflicht- und Akzeptanzwerten hin zu den eher fortschrittlich-gesellschaftskritischen Freiheits- und Selbstentfaltungswerten konstatiert. Besonders ausgeprägt ist dieser Wandel bei Teilen der jüngeren Generation und der so bezeichneten „neuen Mittelschicht", deren Hauptcharakteristikum eine überdurchschnittliche Bildung und Ausbildung und weniger der Faktor Einkommen ist.

Unabhängig davon, ob es sich hierbei um eine Instabilität von Wertprioritäten oder um einen längerfristigen Trend der Veränderung von Bedeutungen bestimmter Werte im Einstellungsgefüge der Gesellschaft, einen Wertewandlungsschub handelt, gibt es deutliche Anzeichen für Werteverschiebungen, die in gesellschaftliche Bereiche wie Erziehung, Familie, Arbeits- und Berufswelt hineinwirken. Damit ergeben sich direkt oder indirekt auch Auswirkungen auf Einstellungen gegenüber dem politischen System insgesamt oder seinen Teilsystemen, zu denen natürlich auch die Streitkräfte gehören.

Der Wissenschaftliche Direktor Dr. W. Gerhard (Führungsakademie der Bundeswehr) sprach in einem Führungsseminar der FüABw im Jahr 1995 zum Thema *Wertewandel* über „die Krise des sozio-kulturellen Systems". In einer „pulverisierten" Gesellschaft, in der soziale Schichten sich in Auflösung befinden, wird der Wertewandel durch einen *sozio-ökonomischen Individualisierungsschub* und einen *kulturellen Emanzipierungsprozeß* bestimmt. Dies führt zu Unabhängigkeit (ökonomisch, kognitiv, psychisch) als neuer Wertekategorie. Als Wege zu dieser Unabhängigkeit des Individuums beschreibt Gerhard den „*Hedonismus*" und die „*Selbstverwirklichung*" (siehe Schaubild 5).

Dieser Individualisierungprozeß ist die Folge des Wegfalls vorgeprägter Biographien. Davon sind viele Individuen überfordert.

Aus einer Vielzahl von Möglichkeiten muß heute jeder nach seiner *individuellen Identität suchen*; man versucht, „die richtige Wahl zu treffen, am Grabbeltisch der Moderne". (Gerhard)

Auch ein *sozialer Wandel* steht mit dem Wertewandel in Beziehung und stellt Demokratie und Politik vor neue Herausforderungen. „Die ‚postmateriellen Werte', deren Entwicklung der Sozialwissenschaftler *Ronald Inglehart* seit den siebziger Jahren verfolgt, haben liberalere politische Einstellungen gegenüber autoritären Einstellungen gestärkt (Schaubild 6). Die Verfechter von freier Rede und stärkerer Bürgerbeteiligung haben gegenüber den Anhängern eines Autoritäten-Staates an Gewicht gewonnen. Der Schwund politischer Folgebereitschaft hat insgesamt auch zur Abnahme von Organisationsbindungen geführt. Während die Distanz der Bürger zur etablierten Politik zunimmt, bewegt sich die Bereitschaft zu mikrokosmischen Formen politischer Beteiligung auf einem anhaltend hohen Niveau. In den neuen sozialen Bewegungen der siebziger und achtziger Jahre haben sich weitaus mehr Bürgerinnen und Bürger beteiligt als in den politischen Parteien. Sie haben demonstriert, daß sich politisches Handeln nicht auf die Übernahme von konventionellen Rollen im politischen Makro-System beschränken muß und damit zugleich wichtige Anstöße in Richtung einer weiteren Öffnung des politischen Systems für diejenigen gegeben, die sich in ihm politisch betätigen wollen.

Die westlichen Demokratien sehen sich mit gestiegenen Erwartungen und einem gewachsenen politischen Problembewußtsein ihrer Bürgerinnen und Bürger konfrontiert, die die Politik immer häufiger zu überfordern scheinen. Hierin ist ein Erfolg der politischen Bildung zu sehen.

Mit der *Wirtschaftskrise* seit Anfang der 80er Jahre ist die Angst vor *Arbeitsplatzverlust* und *sozialem Abstieg* wieder in den Vordergrund gerückt. Dennoch ist weiterhin mit einer gestiegenen Sensibilität gegenüber den Risiken der wissenschaftlich-technischen Entwicklung, den sozialen und ökologischen Folgen der ökonomischen Wachstumsdynamik und nicht zuletzt gegenüber den im Geschlechterverhältnis offenbar gewordenen Diskriminierungen zu rechnen. Zwischen Problembewußtsein und der Fähigkeit zur politischen Problemlösung klaffen Lücken, die schmerzhaft bewußt werden und den eigentlichen Kern des Problems darstellen, das in der politischen Öffentlichkeit als *‚Politikverdrossenheit'* (siehe Kap. 2.2.) diskutiert wird". (Ansgar Klein, Der Wertewandel als Herausforderung der politischen Kultur; in: Ders. [Hrsg.], Grundwerte in der Demokratie, Bundeszentrale für politische Bildung, Schriftenreihe Bd. 330, Bonn 1995, S. 11)

Vor diesem Hintergrund hat politische Bildung eine große Zukunftsaufgabe, mit wachsender Bedeutung. Politische Bildung polarisiert nicht, sondern hält sich strikt an ein Überwältigungsverbot, folgt dem Gebot der Kontroversität und stärkt somit die Handlungskompetenz und die Urteilsfähigkeit des Einzelnen. Gleichwohl hält sie es für falsch, diese Zielsetzungen mit streng fixierten gesellschaftlichen Leitbildern zu verbinden. Im Vordergrund stehen vielmehr die Bereitstellung qualitativer Informationen und die Vermittlung von Orientierungswissen und Handlungskompetenz. Ziel ist die eigene aktive Wert*suche* anstelle einer von außen vorgegebenen Wert*setzung.* Gleichwohl lebt „keine freiheitlich-plurale Werteordnung ohne den *Konsens* über die Verfahren und Regularien eines demokratischen und rechtstaatlichen Gemeinwesens. Nur auf der Grundlage ihrer Akzeptanz kann sich ein solches Gemeinwesen den pluralen *Dissens* und Streit in der Sache leisten bzw. diesen in entsprechend friedlicher und freiheitlicher Form zum Austrag bringen. Dies zu erkennen bedingt aber wiederum die Einsicht in den grundlegenden wertneutralen Freiheitsbegriff. Wer Freiheit dagegen als Einladung zu schlicht individueller Willkür, zur Diskreditierung von gemeinschaftsgebundener Pflicht, Toleranz und gleichheitsverpflichtender Solidarität versteht, der endet auch in der Mißdeutung von Pluralität und Pluralismus im Sinne von Werterelativierung oder gar Werteleugnung." (Rupert Scholz, Verfassungswerte und Wertewandel; in: Grundwerte in der Demokratie, a.a.O., S. 43)

Allerdings darf nicht übersehen werden, daß die Gewichtung der Grundwerte – Freiheit, Gerechtigkeit, Solidarität – in unterschiedlicher Priorität erfolgt und erfolgen darf. Das ergibt ein Blick in die Grundsatzprogramme der bürgerlichen Parteien.

2.2. Politikverdrossenheit

Ein Schüler fragte Konfuzius nach der richtigen Art
zu regieren. Der Meister sagte: Genug Nahrung,
genug Waffen und das Vertrauen des Volkes. Darauf
der Schüler: Wenn man nicht alles haben kann und
eines aufgeben muß, welches von den dreien zuerst?
Der Meister: die Waffen. Der Schüler: Und wenn
man auch dann nicht alles haben kann, auf was
dann verzichten? Der Meister: auf die Nahrung.
Denn von alters her müssen wir alle einmal sterben;
wenn aber das Volk kein Vertrauen mehr hat, läßt
sich keine Regierung mehr aufrechterhalten.

Konfuzius

Politikverdrossenheit ist im Jahr 1992 von der Gesellschaft für deutsche
Sprache zum „Unwort des Jahres" gekürt worden. Und wären Wiederholun-
gen möglich, so würden wir dieses Wort sicherlich – trotz erster positiver
Anzeichen für Änderungen – auch 1999 wieder auf der Liste der Worte des
Jahres ganz oben finden.

Diese allgemeine Unzufriedenheit der Bürger mit der konkreten Art und
Weise, wie Politik gemacht wird, geht mit der Kritik an Parteien und
Politikern einher. Von daher ist der Begriff „Politikverdrossenheit" unscharf
und bedarf der Differenzierung, wenngleich Unterscheidungen, wie sie nach-
stehend vorgenommen werden, z. B. in Politik-, Parteien- und Staatsverdrossenheit, letztlich künstlich bleiben müssen und in der täglichen Diskussion
nicht weiterführen. Politikverdrossenheit kann nämlich durchaus zugleich
Folge verlorengegangenen Respekts vor Berufspolitikern, wie auch Zeichen
von Unmut über Parteipraktiken und Anzeichen von Verdruß gegenüber dem
System, d. h. gegenüber unserer Demokratie, sein.

Politikverdrossenheit kann als Unzufriedenheit mit der konkreten Art und
Weise, wie Politik gemacht wird, definiert werden. Sie spiegelt die affektiven

(gefühlsmäßigen) Beziehungen der Bürger zur Politik wider. Kennzeichen sind z. B. ein allgemeiner Vertrauensverlust, das Entstehen von Gefühlen, daß die Politik in entscheidenden Fragen wie Innere Sicherheit, Ausländerpolitik, Beschäftigungspolitik dauernd oder oft versagt, bzw. zu langsam und zu unvollkommen reagiert.

Politikerverdrossenheit kennzeichnet den Ärger der Bürger über diejenigen, die die Politik repräsentieren. Sie ist von Politikverdrossenheit nicht zu trennen. Kennzeichen sind z. B. sinkendes Ansehen der Politiker oder Vertrauensverlust.

Parteienverdrossenheit meint in erster Linie die Unzufriedenheit mit der Rolle, die Parteien zu spielen beanspruchen, aber auch mit dem Spektrum der etablierten Parteien. Kennzeichen hierfür ist z. B. das Entstehen von Protestparteien und Bürgerbewegungen .

Staatsverdrossenheit meint die Unzufriedenheit mit der Staatsform, also der parlamentarischen Demokratie in der Bundesrepublik Deutschland.

2.3. Gewalt / Konflikt

Jeder Durchschnittsamerikaner sieht – laut Statistik – bis zu seinem 18. Lebensjahr ca. 15.000 Morde im Fernsehen. Täglich hören, sehen und lesen wir von teils fremdenfeindlichen Gewalttaten, verübt vor allem durch Jugendliche und junge Erwachsene. Das läßt Rufe nach mehr Autorität und härterer Erziehung in Elternhaus und Schule lauter werden. Doch es scheint sehr fraglich zu sein, ob man mit repressiven Methoden dieser Probleme Herr werden kann. Wohl sind „die Menschen seit eh und je Vorteilssucher, versuchen, das jeweils Bessere zu erhaschen, wenn es sich bietet. Die soziale Dimension des Handelns geht verloren. Diese moralische Verdummung der Gesellschaft bestimmt einen Teil ihres unangenehmen Klimas. Wenn die Moral sinkt, steigen für den einzelnen die Transaktionskosten. Dies erklärt, warum bei aller Abneigung gegen überkommene Regeln der Ruf nach Moral öffentlich laut wird. Wenn jedoch Institutionen die Moral nicht durchsetzen, ist sie auch nichts mehr wert. Erst die Geltung der Moral macht es rational, sich an sie zu halten." (Gerhardt Schmidtchen, Ethik, Protest und Gewalt; in: Grundwerte in der Demokratie, a.a.O, S. 100) Ulrich Wickerts Buch „Der Ehrliche ist immer der Dumme" wurde ein Bestseller. Darin erinnert der Autor den Leser an Werte und Moral.

„Auf den Betrachter wirken gewalttätige Handlungen chaotisch. Und so haben sich gewalttätige Gruppen, jedenfalls bestimmter politischer Couleur, auch den Namen ‚Chaoten' eingehandelt. (...) Gewalt steht immer im Dienst von etwas. Auch die reaktive Gewalt aus *Frustration* ist ohne das damit verbundene Ziel, die Quelle des Ärgers auszuschalten oder Gerechtigkeit wiederherzustellen, nicht denkbar. Das zugeordnete Motiv ist immer das Streben nach *Dominanz* oder Verteidigung einer *Statusposition*. Darüber hinaus aber gibt es so etwas wie die expressive Gewalt, die an eine unbestimmte Öffentlichkeit gerichtet ist, gewissermaßen einen Kommunikationsakt darstellt.

Die meisten Gewalthandlungen, die heute Aufmerksamkeit auf sich ziehen, seien sie individuell oder gemeinsam begangen, folgen dem Widerspruch von Dominanz und *Ohnmacht*. Ein großer Teil der individuellen Gewalt beruht auf der Unfähigkeit, der Ohnmacht der Person, Gegenmeinungen zu ertragen. Kränkungen können fast nicht mehr verarbeitet werden. Im Faustschlag schützt sich die Person vor der Selbstdiagnose der eigenen Schwäche. Auch die Fähigkeit, Konflikte kreativ zu lösen, scheint im Schwinden." (Gerhardt Schmidtchen, a.a.O., S. 100)

Wenn das Gewaltmonopol des Staates versagt, beginnt die *Selbstbewaffnung*. Diese Tendenzen sind faktisch und psychologisch nachweisbar. Viele Jugendliche laufen mit Waffen herum und finden dafür Verständnis. Eine generelle Kampfbereitschaft und Vergeltungstendenz ist bei zwei Fünfteln der Jugendlichen erkennbar.

Pädagogen beobachten mit Sorge eine zunehmende Gewaltbereitschaft zum Austragen von Konflikten bereits in den ersten Grundschuljahren. Ein Großteil der Unterrichtszeit muß heute für Sozialverhalten, Kommunikation, Toleranz u.ä. aufgewendet werden. „Politische Gewaltphantasien beziehen sich nicht mehr allein auf die Ausdrucksmittel der siebziger Jahre, wie *Hausbesetzungen, unerlaubte Demonstrationen* usw. Neu ist, daß eine erstaunlich große Minderheit von Jugendlichen es attraktiv findet, als disziplinierte nationale Gruppe durch die Straßen zu marschieren, um zu zeigen, daß man stark ist und Respekt verlangt. Die Phänomenologie der politischen Gewalt und das Dominanzstreben haben sich geändert.

Die organisierte Gewalt in der Öffentlichkeit ist immer auch eine *psychologische Revolte*. Sie zerstreut das Gefühl der Ohnmacht angesichts ängstigender oder demütigender Entwicklungen. Die Erwartung der ‚Wohlstandsphilosophie' war es, daß die Gewalt und vielleicht auch Kriminalität mit steigendem Sozialprodukt gegenstandslos würde. Das Gegenteil ist eingetreten". (Ebd., S. 101)

Andererseits ist Gewalt die letzte verbliebene Provokationsmöglichkeit in unserer Gesellschaft und vor allem bei Jugendlichen damit als altersgemäß einzustufen.

Politische Bildung allein wird dieses Gewaltproblem nicht lösen. Durch handlungsorientiertes Einüben von demokratischen Konfliktregulierungsmaßnahmen (siehe Schaubild 10, S. 62), durch das Vermitteln von Empathie sowie durch Förderung von persönlichem Engagement z.B. mittels Betroffenheit und/oder Spaß kann jedoch der Weg geebnet werden – weg von der Gewalt, hin zum Dialog.

„Politisches Urteilsvermögen, diplomatisches Fingerspitzengefühl und Charakterstärke sind wesentliche Voraussetzungen, um zwischen Parteien zu vermitteln, die sich noch vor kurzem erbittert bekämpft haben. Mißtrauen und Haß überwinden kann nur, wer sich in die Menschen hineindenken kann und sie verstehen will." (Bundesminister der Verteidigung, Ruldolf Scharping, am 17.2.1999 an der Führungsakademie der Bundeswehr in Hamburg)

2.4. Konflikt- und Harmoniemodell

Wertewandel, Politikverdrossenheit, Gewalt und andere gesellschaftliche Desintegrationserscheinungen, gepaart mit zunehmendem Problemdruck und politisch-institutionellen Handlungsblockaden machen die Suche nach Eckpunkten eines neuen politisch-kulturellen Konsenses dringlich. Hierbei gibt es als Ausgangspunkt zwei grundsätzliche Argumentationslinien (Denkmodelle). Zum einen ist „die Frage nach Gemeinsinn (...) immer auch eine Frage danach: Was hält eine Gesellschaft zusammen, was vermag eine Gesellschaft für gemeinsame Aufgaben und Ziele zu integrieren? Auf diese Fragen sind in der Geschichte, idealtypisch vereinfacht, zwei Antworten gegeben worden, die sich als *Harmoniemodell* und als das *Konfliktmodell* der Gesellschaft beschreiben lassen.

Das *Harmoniemodell* der Gesellschaft geht davon aus, daß die wahren Interessen der Menschen und der Gesellschaft objektiv erkannt werden können und politisch durchgesetzt werden müssen. Interessengegensätze, soziale Konflikte kann es eigentlich nicht geben. Politik ist nichts anderes als

Verwirklichung der objektiven Interessen der Gesellschaft, des allgemeinen Willens des Volkes. Demokratie bedeutet Identität der Regierenden und Regierten: Das Volk regiert sich selbst. (...)

Dem *Konfliktmodell* der Gesellschaft dagegen liegt die Erfahrung zugrunde, daß Menschen gemeinsame, aber auch unterschiedliche Interessen haben und *soziale Konflikte* deshalb *normal* und *natürlich* sind. Die soziale Integration wird gedacht und gewollt durch akzeptierte Verfahren der Konfliktaustragung. Eine Gesellschaft wächst zusammen durch die Art und Weise, wie sie ihre Konflikte aushält und sich danach auf einer neuen Stufe der Integration wiederfindet: Integration durch Konflikt (Westintegration, Entspannungspolitik, Studentenbewegung, Tarifauseinandersetzungen). Dieses ist das Modell westeuropäischer Demokratien." (Warnfried Dettling, Politischer Gemeinsinn in der demokratischen Gesellschaft; in: Grundwerte in der Demokratie, a.a.O, S. 18f.)

Dabei ist ein Konflikt in der Sache zunächst auf Konfrontation durch Meinungsgegensätze angelegt. In aller Regel geht die Konfliktlösung nie ganz ohne Zugeständnisse bzw. Abstriche/Reduzierung von Forderungen, ja selbst Niederlagen und „Blessuren" ab.

„Jeder Versuch, die heute unbestreitbaren Desintegrationstendenzen der westlichen Demokratien durch eine ‚*Kultur der Kohärenz*' (Robert Bellah) bannen zu wollen, würde das Problem nur verschärfen. In den weitgehend säkularisierten, kulturell modernisierten Einwanderungsgesellschaften, in denen wir heute leben, kann der Zusammenhalt der Bürger nicht mehr über Ähnlichkeiten des religiösen Bekenntnisses, ethnischer Merkmale oder nationaler Traditionen organisiert werden. Aus dem unmittelbaren Lebenszusammenhang ist uns die Erfahrung vertraut, daß die einzig zuverlässigen Stützen des sozialen Zusammenhangs solche sind, die sich im Zuge ausgehaltener Differenzen und durchgestandener Konflikte erst gebildet haben. Eine solche ‚*Kultur des Konflikts*' (Marcel Gauchet) bezeichnet auch die Integrationsweise moderner Demokratien." (Helmut Dubiel, Der Konflikt als Medium der Identität; in: Grundwerte in der Demokratie, a.a.O, S. 38)

Diese Kultur des Konflikts gilt es zu erlernen, zu verbessern und zu kultivieren. Innere Führung heißt „miteinander reden"; oder: nur wer miteinander redet lernt sich kennen; nur wer sich kennenlernt, lernt sich verstehen. Verstehen wiederum ist das Fundament für Zusammenarbeit, Partnerschaft und Freundschaft. Die Führungsphilosophie der Inneren Führung verlangt von jedem Soldaten: „Behandle jeden so, wie du auch selber behandelt werden willst!" Mit dieser Devise wird auf den verschiedenen Anwendungsgebieten der Inneren Führung (Menschenführung, Politische Bildung, Betreuung und Fürsoge usw.) ein wichtiger Beitrag zu einer Kultur des Konflikts geleistet.

„Es ist ein gerade in Deutschland verbreitetes Mißverständnis, daß eine über die Gestaltung der *Arbeitswelt*, der *Ausländerpolitik*, der *Umweltpolitik* und der *Geschlechterfrage* zerstrittene Gesellschaft sich immer schon im Vorhof des Bürgerkriegs befindet. Als demokratische erhält sich unsere Gesellschaft eben nicht dadurch, daß alle konkurrierenden Gruppen ihre Interessen einem behaupteten Wertekonsens opfern. Vielmehr bildet sie das sie zusammenhaltende werthafte Band erst im Prozeß solcher Konfrontationen aus. Wenn die Rede von einer *kollektiven Identität* demokratischer Gesellschaften überhaupt sinnvoll sein soll, dann ist der in zivilen Formen ausgetragene Konflikt das Medium, in dem sich diese Identität, dieses Bewußtsein eines gemeinsam gestalteten politischen Raumes herausbildet". (Ebd., S. 39)

Vertiefende Fragen

→ Was sind eigentlich „Werte" und wieviel sind sie uns wert?

→ Brauchen der Staat und seine Bürger eine Orientierung an substantiellen Werten, etwa an universal geltenden Menschenrechten, aus denen eine auch universal verpflichtende Solidarität folgt?

→ Werden demokratische Regierungen angesichts der bestehenden gesellschaftlichen Unterschiede von Wertorientierungen und Interessen in der Lage sein, globale und strukturelle ökonomische, ökologische und soziale Probleme adäquat zu lösen?

→ Wie soll man den Menschen erklären, daß sie auch einmal Opfer zu bringen haben, Belastungen und Einschränkungen hinnehmen müssen, wenn nicht unter Hinweis auf die Freiheit des Anderen?

3. Systemtheoretische Lösungsansätze

3.1. Wie entsteht Gemeinsinn?

Gerade in Zeiten der Not oder wie heute, in Zeiten ausgeprägter Problemlagen werden Gemeinsinn und Solidarität vielfach beschworen oder eingefordert. Wie entsteht nun dieser Gemeinsinn?

„Wenn drei Voraussetzungen erfüllt sind, kann die Haltung des Gemeinsinns und der *Solidarität* entstehen. Einmal darf der Appell an die Solidarität das Eigeninteresse nicht grob verdrängen. In religiösen und sozialen Gebilden ist der Einsatz für ein hochwertiges Ziel häufig derart weit getrieben worden, daß die eigene Person dabei zerstört wurde.

So klingt die Forderung berechtigt, daß ein winziges Stück von dem Ideal einer geschwisterlichen Welt bereits im eigenen Alltag erfahrbar sein und daß der Einsatz für Gerechtigkeit bzw. die *Liebe zum Nächsten* an der *Eigenliebe* ihr Maß nehmen muß. Zum anderen muß die Bereitschaft zur Solidarität vom Erfolg gekrönt sein; wenn Solidaritätsopfer vom Staat oder der Solidargemeinschaft kassiert wird, ohne daß es den Adressaten jemals erreicht, schwindet die Solidarität wie der Schnee in der Sonne.

Und schließlich ist jede Haltung der Solidarität, die sich von oben nach unten (etwa als Option für die Armen und Schwachen) bekundet, sehr skeptisch zu beurteilen. Solidarität entsteht jeweils *von unten*, aus einem kollektiven Leidensdruck heraus, allenfalls diagonal von der Seite, wenn die ein wenig Stärkeren sich mit den Schwächeren zusammenschließen, weil sie ahnen, daß sie demnächst zu den Schwachen gehören werden". (Friedhelm Hengsbach, Gemeinsinn und Solidarität; in: Grundwerte in der Demokratie, a.a.O, S. 65f.)

Auch hier ist die Innere Führung wegweisend. Ist schon der Dienst der

Soldaten für Frieden und Freiheit der Bürger unseres Staates an sich Ausdruck von Gemeinsinn und Solidarität, so sind es die Umsetzung der Prinzipen der Inneren Führung im täglichen Dienst im Besonderen. „Wer Menschen führen will, sollte Menschen auch mögen." Dieser Satz als Ausdruck von gelebter Innerer Führung unterstreicht die Umsetzung des Artikels 1 unseres Grundgesetzes („Die Würde des Menschen ist unantastbar") in unseren Streitkräften. Aber selbstverständlich gilt dies auch für den täglichen Umgang *aller* Bürger, nicht nur der Soldaten. Doch mit Befehlen und Verordnungen ist hier nichts getan!

„Gemeinsinn und solidarisches Handeln lassen sich weder durch vage Kulturkritik noch durch moralische Appelle hervorzaubern. Sie sind überlebensfähig, wenn ihre strukturellen Voraussetzungen erhalten bleiben. Strukturelle Solidarität entsteht ‚von unten‘ im Prozeß gesellschaftlicher Konflikte. Sie entsteht ‚diagonal‘ durch *Interessenausgleich* und *Verständigung*. Und sie resultiert aus dem wechselseitigen Kräftespiel von *marktwirtschaftlichem Wettbewerb, staatlicher Gesetzgebung* und *zivilgesellschaftlicher Öffentlichkeit".* (Friedhelm Hengsbach, Gemeinsinn und Solidarität; in: Grundwerte in der Demokratie, a.a.O, S. 68)

Mit welchen Regeln und Institutionen kann das beschriebene Wechselspiel von Konflikt, Interessenausgleich und Verständigung mit dem Ziel des Gemeinwohls verwirklicht werden? Werfen wir zunächst einen Blick auf einige übergreifende Ideen und Konzepte:

- Verfassungspatriotismus,
- Kommunitarismus und
- Bürgergesellschaft.

3.2. Verfassungspatriotismus

Zunächst ist festzuhalten, daß der Begriff Verfassungspatriotismus seine inhaltliche Begründung durch Zustimmung zu einer auf Selbstbestimmungsrecht basierenden Ordnung, sowie durch Abgrenzung durch eine „Ordnungsidee" im Sinne einer ethisch-kulturellen Notgemeinschaft findet.

„Dolf Sternberger gilt seit den 70er Jahren als derjenige, der das Konzept des Verfassungspatriotismus‘ für die politische Kultur und die politische Bildung in der Bundesrepublik Deutschland formuliert hat. Im ausdrücklichen Anschluß an die europäische Denktradition republikanischer Staatstheorie verstand er unter Verfassungspatriotismus den vernünftig begründeten Willen, für das eigene Land und Volk eine freiheitliche Ordnung zu gestalten.

Bei Montesquieu ist die Vaterlandsliebe die republikanische Tugend, im Unterschied zur Ehre, die er der Monarchie, und im Unterschied zur Furcht, die er der Despotie zuordnet. Darauf griff Sternberger zurück und charakterisierte Patriotismus als Verbindung eines Gefühls- und eines Rechtsverhältnisses. Weiter beklagte er die Trennung beider Momente in der deutschen Tradition nach der Aufklärung, die Trennung nämlich von Patriotismus und freiheitlichen Institutionen, die dazu führte, daß ‚vaterländisch‘ zum Synonym für ‚rechts‘ wurde.

Verfassungspatriotismus meint demnach eine wertrational geklärte und fundierte *Zuneigung zur eigenen Verfassung;* den Willen zu einer guten, einer *freiheitlichen Ordnung* für das Volk, dem man angehört. Es geht um einen ethisch und historisch-politisch aufgeklärten Sinn für das Wohlergehen dieses Volkes, also um Gemeinsinn, der die Bedingungen zur Kenntnis nimmt, unter denen das eigene Land und Volk in der gegebenen politischen Konstellation zu leben hat. Verfassungspatriotismus ist *Absage* an jeden *blinden Nationalismus,* aber keineswegs an jedes *Nationalbewußtsein.* Das Nationalbewußtsein, welches der Verfassungspatriotismus meint, wäre vielleicht treffender als Einsicht in die ‚Lage der Nation‘, als historisch und politisch aufgeklärte Einsicht in diese Lage zu bezeichnen, verbunden mit dem Willen, eine *gute Ordnung* für sie zu gestalten nach Kriterien, die in der Ethik personaler Menschenrechte gründen und deshalb einen universalen Kern haben". (Bernhard Sutor, Nationalbewußtsein und universale politische Ethik; in: Aus Politik und Zeitgeschichte, Beilage zur Wochenzeitschrift „Das Parlament" Nr. 10/95, S. 5)

3.3. Kommunitarismus

Schon seit einigen Jahren wird nicht nur unter Sozialwissenschaftlern in den USA und Europa die These des Kommunitarismus diskutiert, daß letztendlich der Individualismus zur Zerstörung von Freiheit und Demokratie führe. Die Kommunitaristen geben dem ungezügelten Selbstbestimmungsrecht der Individuen die Schuld an der gegenwärtig beklagten „Misere" in Staat und Gesellschaft.

Die Ethik der Menschenwürde und der Menschenrechte sowie die Institutionen der rechtsstaatlichen Demokratie stehen im Einklang mit europäischer Tradition und sind in Philosophie und Politik europäisch geprägter Gemeinschaftsbildungen entwickelt worden.

Kommunitaristen kritisieren, daß der radikale Individualismus zum Zerfall der sozialen Bindungen, auf denen die Ethik der Menschenwürde und der Menschenrechte beruhen, entscheidend beigetragen habe. Ziel der Kommunitaristen, vertreten durch den Begründer *Amitai Ethioni*, soll eine „verantwortliche Gesellschaft" sein. Hauptursache für eine drastische Abnahme des „sozialen Kapitals" seien zum einen die *Veränderungen im Freizeitverhalten* der Menschen und zum anderen die *Abwanderung der Frauen in die Arbeitswelt.*

Nach Auffassung der Kommunitaristen findet die notwendige Solidarität des „Sozialwesens Mensch" ihre Motive und ihren Entfaltungsraum in *erfahrbaren Sozialbezügen.* Hiermit sind eine Vielfalt kleiner und mittlerer Gemeinschaften eigenen Rechtes gemeint, in denen Menschen solidarisch handeln. Die konkreten Vorschläge der Kommunitaristen zur Erlangung und Stärkung der erwähnten „verantwortlichen Gesellschaft" (Stärkung der „moral voice") zielen auf drei Felder: die *Familie*, die *Schule* und die *Nachbarschaft*. Moralerziehung durch die Eltern, Erziehung zu zentralen Werten (wie Menschenwürde, Toleranz, Wahrheit, Sparsamkeit usw.) sowie tätige Nachbarschaftshilfe (Verbrechensbeobachtung; Selbstbezichtigung bei eigenen Verfehlungen; verpflichtende Erste-Hilfe-Kurse für ganze Gemeinden) sind Beispiele, die in den Vereinigten Staaten, der „Hochburg" der Kommunitaristen praktiziert werden.

3.4. Bürgergesellschaft

Vor dem Hintergrund von Handlungsblockaden im politisch-institutionellen Bereich und angesichts eines schleichenden Vertrauensverlustes in politische Institutionen verwundert es nicht, daß der Begriff *„Bürgergesellschaft"* zum neuen Zauberwort politisch-kultureller Selbstverständigung avancierte. Mit dem Rückgang staatlicher Handlungssouveränität und mit schwindendem Vertrauen in die Gemeinwohlkompetenz institutioneller Politik finden „zivile" Lösungen nicht nur intellektuelles Interesse. Der vieldeutige Begriff der *„Bürgergesellschaft"* bietet dabei reichlich Raum für höchst unterschiedliche theoretische und politische Interpretationen: Als Reaktion auf die Überforderung des Staates, als Hebel zur Überwindung parteienstaatlicher Lähmungen, als historisches Symbol für eine in den revolutionären Veränderungen Mittel- und Osteuropas sichtbar gewordene Renaissance des „Bürgers" oder ganz allgemein für einen erhofften Wandel in der Politik schlechthin.

Was will die offene Bürgergesellschaft? Ziel ist eine *Erneuerung* des demokratischen Zusammenlebens „*von unten her*". Dabei sollen Probleme und Chancen der Selbstorganisation der für das Gemeinwohl „amtlich Unzuständigen" aufgezeigt werden. *Initiativen, Bewegungen, Vereine, Verbände, Kirchen*, sogenannte „*NGO's*"(Non Governmental Organizations) und wechselnde „*runde Tische*" sind Beispiele für derartige Selbstorganisationen. Hierbei müssen die Beteiligten lernen und Gelegenheit bekommen, sich umeinander zu kümmern, um auf diese Weise Zugehörigkeit zu erfahren. Dies werden sie freiwillig nur dort tun, wo sie sich frei artikulieren, sich überzeugen lassen und vor allem auch mitentscheiden können. Praktische Verfahrensvorschläge zielen z.B. ab auf

- die Befähigung zur Medienkompetenz,
- die Öffnung der Parteien für Nichtmitglieder,
- Demokratisierung der Personalrekrutierungs- und Kontrollverfahren in den Parteien,
- Bürgerbegehren,
- kommunikative Teilhabe der Bürger an politischen Beratungen, Konsensfindung und Entscheidungsfindung,
- Wege, die das Grundgesetz tragenden Werte (Menschenwürde, Freiheit, Gerechtigkeit, Solidarität) im Alltag erleb- und damit erfahrbar machen.

Konkrete Beispiele

Als konkretes Beispiel aus einer Vielzahl bereits existierender Initiativen sei zum einen das „*Kölner Modell*" genannt: Etwa dreißig Bürgerinnen und Bürger, die zum Großteil aus dem pädagogischen Bereich stammen, organisieren seit 1988 eigenverantwortlich und auf eigene Kosten politische Bildung. Zum anderen gibt es Bürgerinitiativen der Stadt Horb a. N. auf dem Gebiet der Stadtsanierung („*Klosterverein*"), des Baus von Kindergärten und Schulen, der Nachbarschaftshilfe (*Aktion „Wachsame Nachbarn*") und der Zukunftsentwicklung der Stadt („*Stadtforum*"). Zu Einzelheiten siehe auch das Buch von Georgios Chatzimarkakis: „Freiheit und Gemeinsinn" (Literaturhinweis, Kap. 8.1.).

Aktive Bürgerschaft

In Münster wurde der Verein *„Aktive Bürgerschaft"* mit Hilfe einer genossenschaftlichen Organisation gegründet. Er will dazu beitragen, die bürgerschaftliche Mitverantwortung für das öffentliche Leben zu stärken. 1998 wird erstmalig ein „Förderpreis Aktive Bürgerschaft" gestiftet. Dabei sucht der Verein bundesweit traditionelle und gleichzeitig innovative Vereine, die mit wegweisenden Beispielen und neuen Konzepten über ihr ursprüngliches Arbeitsgebiet hinaus aktiv Verantwortung für das Gemeinwesen übernehmen: Adresse: *Aktive Bürgerschaft e. V.,*
Mecklenbecker Straße 229,
48163 Münster.

Nationale Freiwilligenagentur

In Berlin existiert eine *Stiftung „Bürger für Bürger",* die eine „nationale Freiwilligenagentur" unter der Schirmherrschaft des ehemaligen Bundespräsidenten Roman Herzog aufbaut.

Stiftung und Nationale Freiwilligenagentur haben als Kernaufgabe die Förderung bürgerschaftlichen Engagements. Ziel ist der Auf- und Ausbau von verbesserten Rahmenbedingungen, damit sich möglichst viele Bürgerinnen und Bürger freiwillig an der solidarischen Entwicklung unseres Gemeinwesens beteiligen können. Die unabhängige Stiftung „Bürger für Bürger" stellt dazu den ideellen und materiellen Rahmen her, den die Nationale Freiwilligenagentur in ihrer alltäglichen Arbeit ausfüllt. Sitz der Nationalen Freiwilligenagentur ist Berlin.

Zur Umsetzung dieses Ziels richtet sie sich an drei Adressatengruppen:
• an ehrenamtlicher Tätigkeit Interessierte sowie ehrenamtlich Tätige,
• an traditionelle Verbände und Institutionen, in denen Ehrenamtliche tätig sind,
• an lokale Einrichtungen, die Freiwilligenarbeit unterstützen, vermitteln und koordinieren.

Die Nationale Freiwilligenagentur übernimmt in diesem Zusammenhang folgende Aufgaben:
• Bildung und Beratung,
• Qualitätssicherung und Information,
• Zusammenarbeit und Vernetzung,
• Info-Hotline und Datenbank,

- Öffentlichkeitsarbeit,
- Forschung und Innovation.

Weitere Informationen
Stiftung „Bürger für Bürger",
Die Nationale Freiwilligenagentur,
Singerstraße 109,
10179 Berlin.
Tel.: 030 / 2431-490;
Fax: 030 / 2431-4949.

Vertiefende Fragen

→ Worauf sollte sich die Loyalität der Bürger zu ihrem Staat gründen?

→ In welchem Verhältnis soll sie zu anderen Nationen stehen?

→ Kümmern uns die Kurden oder die bosnischen Muslime nur, weil deren Konflikte und die Art ihrer Austragung auch für uns gefährlich werden können, oder sind wir verpflichtet, und in welchem Maße, für ihre Menschenrechte einzutreten?

→ Gibt es Gerechtigkeitspflichten zwischen den Staaten und Völkern über das vertraglich Vereinbarte hinaus?

4. Praktische Lösungsansätze

Erziehung zur Demokratie, das heißt:
Nicht nur belehren,
sondern vormachen.

> Roman Herzog am 8.3.1995
> (70. Jahrestag der Gründung
> der Friedrich-Ebert-Stiftung)

Im folgenden werden exemplarisch *Handlungsmöglichkeiten* schlaglichtartig dargestellt. Diese sind – zumindest zum Teil – weder unumstritten noch umfassend. Sie sollen Anregungen geben als *Diskussionsgrundlage* und auf der Suche nach *eigenen Lösungsansätzen* im Rahmen politischer Bildungsarbeit zum Thema „Individualismus und Gemeinwohl". Sie werden beschränkt auf die Bereiche *„Staat und Politik/Politiker"* und darauf, was *jeder Bürger* für sich allein und zusammen mit anderen auf diesem Feld tun kann.

4.1. Was können und sollten Staat und Politik(er) tun?

Zivilcourage, Gerechtigkeitssinn und politische Klugheit bedürfen der Teilnehmerperspektive; deshalb:

■ *Aktivierung von Bürgerengagement und Öffnung des politischen Raumes*
– Weitere Demokratisierung des politischen Systems (Parteien/Plebiszit),
– mehr Orte politischer Gemeinschaftserfahrung schaffen,
– Förderung der Medienkompetenz und Medienethik,
– Förderung ehrenamtlicher Tätigkeiten,
– Vorbildfunktion als Politiker,
– Subsidiaritätsprinzip ausbauen.

■ *Zivile Solidarität verwirklichen*
– Grundrecht auf Mindesteinkommen,
– Leitlinien zur Ausgestaltung sozialpolitischer Leistungen und sozialer Dienste.

■ *Soziale Rahmenbedingungen schaffen:*
– Ausbildung; Arbeitsplatz; preisgünstiger Wohnraum,
– Eltern stärken bei Erziehung zu Emanzipation und Pflichtbewußtsein.

■ Glaubwürdigkeit: Mehr Mut der Politik(er),
■ Parteienfinanzierung abschaffen,
■ Volksbegehren, Direktwahl,
■ Intensivierung des Programms „Jugend und Parlament",
■ Soziales Pflichtjahr für alle,
■ gleicher Verdienst für Frauen,
■ gesellschaftliche Hemmschwellen nicht senken (Drogen etc.),
■ dem Verfall der politischen Sprache entgegenwirken.

■ Öffnung der Parteien von außen nach innen
– Nichtmitglieder, Projektgruppen, Mitgliedschaften auf Zeit, Seitenein-
  steiger.

■ Öffnung von innen nach außen
– Foren, Zukunftswerkstätten.

■ Öffnung im Inneren der Parteien
– Formen innerparteilicher Kommunikation; Parteiapparat transparent
  machen,
– Dienstleistungszentren schaffen.

4.2. Was kann jeder Bürger tun?

Um das Gemeinwohl aller Bürger zu sichern und zu verbessern, gilt es, weniger
nach den Institutionen Staat, Politik, Schule und Elternhaus zu rufen als
vielmehr zu fragen, welchen Beitrag jedes Individuum in und für eine
Gemeinschaft einbringen kann.
Welcher Voraussetzungen bedarf es hierbei für ein persönliches Engagement
und welche Defizite behindern uns hierbei?
    Im wesentlichen scheinen es *vier Faktoren* zu sein, die den Einsatz des
Einzelnen für und mit anderen erschweren:
– Das Fehlen einer „letzten Instanz",
– das Fehlen traditioneller Sinnträger,

– fehlende Vorbilder in der Gemeinschaft,
– fehlende Erfahrungen des Teilens.
Als wichtige Grundvoraussetzungen für das Entstehen eines Gemeinschafts-
gefühls werden in der Literatur
– eine vorhandene optimistische Grundhaltung,
– ein gemeinsames Interesse als Hintergrundkonsens,
– die Akzeptanz von Ungleichem und das Anerkennen von Gegebenem,
– die Verzichtbereitschaft,
– die Bereitschaft zum Zuhören und
– die Sinnhaftigkeit des eigenen Tuns genannt.
Anstoß für das Arbeiten für andere kann sowohl die hierbei empfundene und
bei Betroffenen ausgelöste *Freude* und *Dankbarkeit* sein, als auch die Tatsache,
daß man selber im Familien- und Freundeskreis *Betroffene* (Behinderte,
Kranke, Alte) hat, die fremde Hilfe brauchen.

Die Shell-Studie 1997 hat unter anderem die Motive junger Menschen in
Deutschland für eine Teilnahme am politischen und allgemeiner am gesellschaftlichen Leben untersucht („Motive zum Engagement nach Wichtigkeit",
siehe Schaubild 7).

„Die Ergebnisse überraschen, lassen sie sich doch nicht mit dem beliebten
Bild von der Jugend, die angeblich nur auf ihren eigenen Vorteil bedacht ist,
und sich nicht um das Gemeinwohl schert, in Übereinstimmung bringen.
Diese Daten zeigen aber auch etwas anderes: Gerade die Vorschläge der
Erwachsenengeneration, die in letzter Zeit öffentlich zu vernehmen waren, z.
B. Entschädigung für ehrenamtliche Tätigkeit durch Geld oder Freizeit,
landen im Urteil der Jugendlichen abgeschlagen auf den letzten Plätzen. Nicht
mit materiellen Dingen sind sie zu ködern, sondern durch die Art der Tätigkeit
(muß Spaß machen), durch den Verzicht auf ein einengendes *langfristiges*
Engagement (ich muß jederzeit wieder schnell aussteigen können) und durch
Mitbestimmung über die Dinge, die sie tun wollen (ich muß mitbestimmen
können, was ich genau tue')". (Shell-Studie '97, S. 342)

Mögliche Betätigungsfelder für jeden von uns sind z. B.:
■ Bürgerinitiativen, Verbände, NGO's, z. B. „Aktion Gemeinsinn", Verein
  „Aktive Bürgergemeinschaft e. V." oder Stiftung „Bürger für Bürger" (eine
  sogenannte „Freiwilligenagentur");
■ Ehrenämter (siehe Schaubilder 8 und 9);

- praktizierte Nächstenliebe (Hinsehen und Handeln bei Problemen des Nachbarn / Mitbürgers);
- „Ächtung" bestimmter Produkte bei Fehlverhalten der Firmen (z. B. Bennetton, Shell);
- Verzichtbereitschaft im Lebensstil, wenn er auf Kosten der Umwelt geht (Bierdosen, Einwegflaschen, 10 ltr – Autos),
- höhere Ansprüche im Hinblick auf eigenes soziales Handeln und das Handeln anderer;
- bewußterer Medienkonsum („Medienkompetenz");
- „Politik von unten" (Bürgerbegehren usw.);
- weniger egoistischer Umgang mit der Freizeit.

Vertiefende Fragen:

→ Welche Rolle spielen Ihrer Meinung nach die Kirchen bzw. welche Rolle sollten sie spielen?

→ Welche Möglichkeiten und Grenzen als „vierte Gewalt" im Staat sehen Sie für die Medien?

→ Wofür soll man sich einsetzen, für welche Ziele und in welcher Rangordnung?

→ Wie stehen Sie zu der Aussage: "Wenn wir nicht mehr wissen, wogegen wir sind, müßten wir umso deutlicher sagen, wofür wir uns einsetzen"?

→ In welchen Teilbereichen von
  – Politik (Kommunales, politische Jugendorganisationen etc.)
  – Gesellschaft (Vereine, Verbände)
  – Kultur (Theatergruppen, Musik)
  – Soziales (Betreuungen, ehrenamtliche Tätigkeiten)
  – Sport (Vereine, Jugendarbeit)
  würden Sie sich (ehrenamtlich) engagieren?

→ Wo – über die oben genannten Bereiche hinaus – engagieren Sie sich oder wo könnten Sie sich ein Engagement vorstellen?

5. Beitrag der Politischen Bildung

*Das Erfahren des Prinzips des ,Staatsbürgers in
Uniform' bedarf der ganzheitlichen Anwen-
dung der Inneren Führung als partnerschaftli-
ches Angebot zum Zusammenwachsen und
Zusammenleben in einer Demokratie. Für die
Bundeswehr bestehen hervorragende Möglichkeiten, die Grundwerte der freiheitlichen
demokratischen Grundordnung in den Erzie-
hungsprozeß vor allem junger Menschen
einzubringen. Gerade unter Belastung kann
besonders erfolgreich vorgelebt werden, wie
individuelles Freiheitsstreben mit Verantwortung und Fürsorge für den Kameraden (den
Nachbarn) zu verbinden ist.*

Empfehlung des 8. Beirats Innere Führung, 1994

„Der Bestand der Demokratie hängt nicht an der politischen Bildung, sondern
am Funktionieren der Institutionen. Die Ausprägung der Demokratie, also
Art und Grad der Teilnahme, hat mit politischer Bildung etwas zu tun." (Ralf
Dahrendorf, Stellungnahme, in: Politische Bildung: öffentliche Anhörung des
Innenausschusses und des Ausschusses für Bildung und Wissenschaft des
Deutschen Bundestages am 8. Mai 1998; zit. nach: Zur Sache 16/1990, Bonn
1990, S. 130)

Politische Bildung als ein wichtiges Anwendungsgebiet der Inneren Führung
in der Bundeswehr soll dem Soldaten helfen zu verstehen, wofür er ausgebildet
und gegebenenfalls eingesetzt wird. Er soll überzeugt sein, daß sein Auftrag
politisch notwendig, militärisch sinnvoll, rechtlich und moralisch begründet ist.
Darüber hinaus soll er aktiv für die Demokratie eintreten können und wollen.
Politische Bildung ist damit wesentliche Voraussetzung für die *Einsatzbereit-
schaft* jedes einzelnen Soldaten und der Streitkräfte insgesamt.

Im Themenbereich Individualismus und Gemeinwohl hat Politische Bildung insbesondere folgende Ziele:

■ Das Wesen demokratischer Spielregeln bewußt zu machen und demokratische Verfahrensweisen einzuüben, Konfliktfähigkeit und Konsensbereitschaft auszubilden;

■ Die Fähigkeit und Bereitschaft, in politischen Alternativen zu denken, zu fördern und das politische Problembewußtsein, die politische Urteilsfähigkeit und Urteilsbereitschaft auszubilden;

■ Die Fähigkeit, die eigene Rechts- und Interessenlage ebenso zu erkennen, wie die Standortgebundenheit eigener und fremder Aussagen;

■ Die Befähigung, eigene Interessen im Rahmen der Regeln der pluralistischen Gesellschaft wahrzunehmen und Rücksicht auf die Interessen anderer zu nehmen;

■ die Fähigkeit und Bereitschaft zu fördern, mit Menschen unterschiedlicher Herkunft und Kulturen friedlich und verständnisvoll zusammenzuleben.

Zum Erreichen dieser Ziele ist *Politische Bildung in der Bundeswehr* mehr als Unterricht. Sie ist ein *Sammelbegriff* für den Informations- und Meinungsaustausch zwischen gleichberechtigten, wenn auch häufig unterschiedlich vorgebildeten und interessierten Staatsbürgern. Sie beschreibt das institutionalisierte und freie, zielgerichtete und aufgabenbezogene, verbale und nonverbale Einwirken auf den Soldaten, um Urteilsfähigkeit, Handlungsbereitschaft und -kompetenz zu vermitteln oder zu entwickeln.

„Die Schwierigkeiten politischer Bildung liegen vor allem darin, daß Demokratie nichts ist, was die Herzen der Menschen spontan erwärmen könnte. Es geht um die Austragung von Konflikten, um Spielregeln, Institutionen, Gesetze, Parteien ... Was ist daran attraktiv? Hinzu kommt, daß es heutzutage nicht mehr so leicht ist, die Gesellschaft durch den Hinweis auf einen mächtigen Gegner von außen zusammenzuführen. Wenn wir nicht mehr wissen, wogegen wir sind, müßten wir um so deutlicher artikulieren, wofür wir uns einsetzen. Bei dieser Aufgabe gibt es eher ein beredtes Schweigen." (Siegfried Schiele in: „Grundwerte der Demokratie", Bundeszentrale für politische Bildung, Schriftenreihe Bd. 330, S. 170)

Kennzeichnend für die Erwachsenenbildung ist das Prinzip der freiwilligen Teilnahme an den Bildungsangeboten, die sich aus den Bildungsbedürfnissen ergeben. Dieser *Lernmotivation* steht in den Streitkräften gegenüber, daß politische Bildung ein *gesetzlich vorgegebenes* militärisches Ausbildungsteilgebiet ist. Der Vorgesetzte kann *Interesse* an der politischen Bildung nicht voraussetzen, sondern muß sie häufig erst infolge Planung, Vorbereitung und Durchführung *wecken*. Er ist zur *Motivation* und *Beteiligung* verpflichtet.

Die *Attraktivität*, aber auch die *Wirksamkeit* der politischen Bildung in der Bundeswehr ist nicht zuletzt eine methodische Frage. Handlungsorientierte Vorgehensweisen und Arbeitsmethoden, die praktisches, forschendes, problemlösendes, soziales, kommunikatives, kreatives oder projektartiges Lernen ermöglichen, bieten Abwechslung und fördern die Sach-, Urteils- und Handlungskompetenz des Auszubildenden.

Die Ziele der politischen Bildung sollen nicht nur durch Unterricht erreicht werden, sondern auch durch das regelmäßige *Gespräch* zwischen Vorgesetzten und Untergebenen und eine *Gestaltung des Dienstes* bzw. *praktizierte Menschenführung*, die die Werteordnung des Grundgesetzes im Dienstalltag erfahrbar macht. Die Wahrnehmung der Beteiligungspflichten spielt dabei eine wesentliche Rolle.

Mit anderen Worten: Ein Soldat, der seinen Dienst als sinnvoll und fordernd erlebt, als Mensch geachtet und in seinen Rechten respektiert wird, an der Gestaltung des Dienstes mitwirken kann und „Demokratie im Alltag" erfährt, wird aus dieser Praxis möglicherweise mehr an politischer Bildung gewinnen, als es allein durch Unterrichtung möglich wäre.

Hieraus einen Verzicht oder ein weiteres Zurückdrängen der Unterrichtung abzuleiten, wäre der falsche Ansatz. Aber der Hinweis hilft, die richtigen Relationen herzustellen:

Staatsbürgerliche Unterrichtung kann nicht Defizite der Sinngebung ausgleichen, die aus dem Dienstalltag und der Ausbildung herrühren. Ihr Wert liegt aber in der „Reflexion" des Dienstes und damit im Zwang, miteinander über das gemeinsame Diensterleben, also den Auftrag und die Auftragserfüllung, zu sprechen.

Umgekehrt kann eine gute Praxis im Sinne der Konzeption Innere Führung und des Leitbildes vom Staatsbürger in Uniform fehlende Staatsbürgerliche Unterrichtung durchaus kompensieren, vor allem durch ständige, intensive Beteiligung der Soldaten.

Praktische Vorschläge zur Politischen Bildung

Politische Bildung muß nicht
nur belehrend sein,
sie kann auch Spaß machen
und Gefühle ansprechen und freisetzen.

1. Wir benötigen *Innovation* und *Phantasie* und müssen
***Methodenvielfalt* propagieren:**

- *Kulturell ausgerichtete Formen* wie Matinee, Soiree, Lesungen, Ausstellungen, die Elemente politischer Bildung in künstlerisch variationsreicher Form darbieten.
- *Projekte vor Ort,* wie vorbereitete *Erkundungen, Exkursionen, Besichtigungen, Untersuchungen,* Video- oder Fotodokumentationen mit Reflexionsphase.
- *Werkstattformen* (spielerische, handwerkliche, künstlerische, literarische, wissenschaftliche Arbeit).
- *Festivals* (Theater, Musik), wenn möglich.
- *Mitmach- und Marktplatzaktionen,* „speaker's corner".
- *Stammtische,* Frühschoppen.
- *Vereinsarbeit,* Freizeitaktivitäten, Teilnahme an Sport und Politik.
- *Touristik,* z. B.: Reiseprogramme, Radtouren, Bustouren mit Anteilen für politisch-historische Bildung.

2. Es sollte nach Möglichkeiten der Verbindung von Rationalität und
Emotionalität gesucht werden, z. B. durch:

- *Begegnungen,* d. h. auf den Unterricht angewandt u. a.
  – nicht *über* Ausländer im Unterricht reden, sondern
  mit Ausländern reden,
  – nicht über die Schrecken des NS-Regimes reden,
  sondern einen Zeitzeugen in den Unterricht einladen,
  – nicht abstrakt über Wehrpflicht und Zivildienst reden,

sondern Wehrpflichtige und Zivildienstleistende
im Unterricht zusammenbringen,
– nicht über Wohnungsnot im Hörsaal philosophieren,
sondern Erkundigungen vor Ort einholen und mit
Wohnungsgesellschaften und Wohnungssuchenden
ins Gespräch kommen.

■ *Spiele*
Ein noch kaum erschlossener Bereich für die politische Bildung
sind die Spiele, die das Herz des Menschen aufschließen,
ohne rationale Elemente auszuschalten. Weshalb z. B.
die Welt nicht mit Hilfe eines Puzzles, eines Entscheidungs-
oder Planspiels, d. h. auf spielerische Weise kennenlernen.
Die Kenntnisse werden so besser und effektiver vermittelt.
Außerdem lassen sich auf diesem Weg soziale Prozesse
anbahnen, die für die politische Bildung fruchtbar sind.

■ *Methoden, die persönliche Betroffenheit auslösen*, wie z. B.
Fallanalysen, historische Exkursionen, Selbstreflexion
(Assoziationen, Meditation), Filme, Bilder, Collagen.

■ *Einsatz von Musik* in Verbindung mit Texten,
Bildern oder allein für sich wirkend.

Bei der Vorbereitung und Durchführung von Maßnahmen der politischen
Bildung gibt es eine Vielzahl von Institutionen, die mit Material, Personal und
auch Finanzmitteln die Bildungsarbeit unterstützen können. Es wird hier zum
einen auf die Bundeszentrale für politische Bildung und die Landeszentralen
für politische Bildung sowie auf die parteinahen Stiftungen verwiesen. Darüber hinaus sind ca. 200 Institutionen im gesamten Bundesgebiet in einem
„Arbeitskreis deutscher Bildungsstätten" (AdB) organisiert. Diese Institutionen – Jugendbildungsstätten, Akademien, Heimvolkshochschulen, Europa-
häuser, Internationale Begegnungsstätten – bieten Seminare und Tagungen
zu Themen der politischen Bildung an, die sich als Zielgruppen an Jugendliche
und Erwachsene gleichermaßen wenden.
     Die Bundeswehr ist mit ihrer Wehrform ein legitimes Kind unserer Demo-

kratie. Damit das Kind das Laufen nicht verlernt, ist politische Bildung, die politisches Bewußtsein entwickelt, unabdingbar. Die Produkte auf dem „Markt" der politischen Bildung enthalten viele Hinweise und Hilfen, wie wir den Lauf des Kindes – um bei dem Bild zu bleiben – stabilisieren könne. Jeder kann und sollte dieses Angebot nutzen, denn „nur was in dir selber brennt kannst du in anderen anzünden"!

6. Ausblick

> *Es ist auch offensichtlich, daß politische Bildung eher*
> *Erfolge erzielen kann in der Vorbeugung als in der*
> *Therapie. Sie kann z. B. nicht direkt mit Jugendli-*
> *chen agieren, die gewalttätig geworden sind. .....*
> *Unsere Gesellschaft darf nicht zu einem riesigen*
> *Reparaturbetrieb werden, der einen enormen*
> *Aufwand erfordert. Politische Bildung ist eine ideale*
> *Form von Vorbeugung und eine zinsbringende*
> *Investition für die Zukunft unserer Demokratie.*
>
> *Siegfried Schiele*

Es kann nicht die Aufgabe dieser Ausführungen sein, fertige Antworten oder gar Patentrezepte zu liefern, wie der Einzelne seine Individualität und den Sinn für das Gemeinwohl in Einklang bringen kann. Ziel aller Anstrengungen auf dem Gebiet der politischen Bildung muß es vielmehr sein, unser Problembewußtsein zu aktivieren und persönliche Betroffenheit hervorzurufen. Bildung als das persönliche Verhältnis zu „Gott und der Welt" kann nur in Freiheit gedeihen. Die Bereitschaft des Einzelnen, mit anderen und für andere etwas zu tun, kann sich nur in einem Klima persönlicher Freiheit fortentwickeln, in dem jeder ohne Zwang denken kann, ohne daß Werte, Tugenden oder Grundeinsichten von oben verordnet werden. Trotzdem lassen sich einige grundsätzliche Aussagen treffen:

■ Eine Demokratie lebt von der Partizipation der Mehrheit der Bürger.

■ Diese Partizipation findet in „traditionellen", institutionell vorgegebenen Rahmen statt, sie bahnt sich aber auch immer wieder neue Wege und findet neue Formen.

- Engagement, in welchem Bereich auch immer, ist nicht „Helden" oder „Engeln" vorbehalten, es kann im Prinzip von jedem geleistet werden.
- Individualität und Gemeinsinn bilden ein Spannungsfeld, das spürt jeder hautnah, der sich zum Beispiel ehrenamtlich betätigt. Aber sie bilden keinen Gegensatz!
- Politische Bildung überbrückt das Spannungsfeld: Sie ist eine Handlungsoption des Individuums, um sich selbst mit dem Gemeinwohl in eine Beziehung zu setzen. Je besser Politische Bildung ist, je mehr sie auch „Spaß macht", desto leichter kann diese Chance angenommen werden – intellektuell und emotional.
- Politischer Bildung ist dabei weniger an *Wertsetzung* gelegen. Ihr Anliegen ist es, den Einzelnen zu seiner persönlichen *Wertsuche* zu ermuntern.

Auch in Zukunft wird die politische Bildung die Folgen alltäglicher politischer Entscheidungen nicht beeinflussen können. Sie hat aber die Aufgabe,

- bewußt zu machen, daß es zum freiheitlichen Rechtsstaat und zur pluralistischen Gesellschaft keine Alternative gibt,
- das demokratische Bewußtsein des Einzelnen durch Einsicht in politische Prozesse und Zusammenhänge zu stärken und
- das Engagement der Bürger durch den Hinweis auf Gestaltungsmöglichkeiten und die Vermittlung von Fähigkeiten zur Mitwirkung zu fördern

7. Didaktisch-methodische Überlegungen und Arbeitsvorschläge

Politische Bildung, die zur demokratischen Teilhabe an Politik ermutigen und durch stärkere Einbeziehung sowie aktive Teilhabe der jeweiligen Ausbildungsgruppe z. B. „Politikverdrossenheit" abbauen will, muß über die Wissensvermittlung hinausgehen. Es reicht nicht, z. B. das Wahlrecht oder die Wahlsysteme im Unterricht vorzustellen oder die Ergebnisse von Wahlkämpfen herauszustellen. Es muß versucht werden, eine enge Verbindung zwischen Denken und Handeln zu fördern. Dazu eignen sich besonders *Methoden mit handlungsorientiertem Ansatz*, weil diese aus der Passivität zur Aktivität hin- und von einer „Zuschauerdemokratie" wegführen. Solche Methoden erfordern *Zeit*. Diese steht angesichts der Aufgabenfülle nur unzureichend zur Verfügung. Andererseits lassen sich Handlungskompetenz, Einsicht und Verständnis nicht in zwei Stunden Unterricht vermitteln. Jeder Vorgesetzte muß daher selbst entscheiden, ob er die politische Bildung unter diesen Bedingungen nur mit Einschränkungen durchführen kann, oder ob er die erforderlichen Freiräume schaffen will.

Gerade bei dem vielschichtigen Thema Individualismus und Gemeinwohl bietet sich eine *„strukturelle Teilnehmerorientierung"* (nach Schulz) als Vorgehensweise an. Nach einer *Situationsanalyse* („Was ist?") und einer *Möglichkeitserörterung* („Was ist möglich?") erfolgt eine *Urteilsbildung* und eine *Entscheidungsdiskussion* („Was soll geschehen?"). Nach dieser Zielformulierung beginnt dann der eigentlich aktive Teil mit den Teilschritten *„Planung"*, *„Durchführung"* und *„Reflexion"*. Erst danach haben die Teilnehmer Probleme bei der Umsetzung von Ideen am eigenen Leibe verspürt (Schaubild 10).

Als geeignete Lehr- und Lernleistungen sollten zugrundegelegt werden:

— Informationen beschaffen und aufnehmen,
— eigene Empfindungen formulieren,
— Ursachen und Hintergründe analysieren,

- eigene Standpunkte und Stellungnahmen entwickeln; ggf. auch ändern,
- eigene Entscheidungen treffen,
- politisches Handeln ermöglichen,
- sich und andere kennenlernen.

Unterrichtsmethoden

Wenn auf *Wissensvermittlung* mit Hilfe instruktiver Lehr- und Lernmethoden nicht verzichtet werden soll und kann, können im Staatsbürgerlichen Unterricht ein Teilthema oder eine der angebotenen weiterführenden Fragen bearbeitet und ein entsprechender Forderungskatalog herausgearbeitet und in einer Anwendungsphase erprobt werden.

Mögliche *Untersuchungsgegenstände* wären z. B.:
- Wertewandel,
- Politik(er)verdrossenheit,
- Gewalt,
- Konflikte und ihre Lösung,
- Verfassungspatriotismus,
- Kommunitarismus,
- Bürger- und Zivilgesellschaft.

In einer *Vorphase* zur eigentlichen Unterrichtung könnten z. B. Broschüren, Bücher, Zeitungsartikel usw. zum „Einlesen" empfohlen werden. Besonders geeignet hierfür ist die von der Bundeszentrale für politische Bildung herausgegebene Zeitschrift „PZ", Ausgabe Nr. 86 / Juni 96 „Die Mitmachgesellschaft". Weitere Literaturempfehlungen siehe Kap. 8.1.

Als *Einstieg* in die jeweilige Thematik ist eine unstrukturierte Erhebung des Wissens, der Einstellungen und Vorurteile der Auszubildenden mit Hilfe von *Brainstorming-Methoden* und deren Visualisierung besonders zu empfehlen. Selbstbefragungen in der Lerngruppe anhand von *Fragebogen* und die anschließende Diskussion der Ergebnisse eignen sich gleichermaßen als Eröffnungsphase eines Unterrichts.

Auch ein kurzer *Videospot* eignet sich als Einstieg. Beispiel: INFO-Forum 4/97 *„Individualität und Gemeinsinn"* (im Dezember 1997 erschienen; bis Kp-Ebene verteilt).

Als Methoden mit Spielcharakter sind hier geeignet (bei ZInFü erhältlich!):
- Blitzlicht,
- Ampelspiel,
- 10-Worte-Spiel,
- „Wie kann ich Einfluß nehmen?"

Bei der *Durchführung* bieten sich die folgenden *handlungs- und erfahrungs orientierten Methoden* an.
Reales Handeln
- Erkundungen, Praktika,
- Einzelgespräche mit Betroffenen / Zeitzeugen,
- Straßeninterviews.
Simulatives Handeln
- Rollenspiele,
- Planspiele,
- Entscheidungsspiele,
- Konferenzspiele,
- Pro- und Kontra-Debatte.
Produktives Gestalten
- Reportage, Hörspiel, Dia-Reihe, Video,
- Ausstellung, Fotodokumentation,
- Collagen,
- Gedichte,
- Produktion eines T-Shirt.
Beispiele für Spiele, die am Zentrum Innere Führung und in der Truppe erfolgreich erprobt wurden:
- *Vier-Eckenspiel,*
- *Bleistiftspiel,*
- *Aktivbürger,*
- *Insel-Spiel,*
- *Fischer-Spiel,*
- *Primitivo,*
- *Quadrat-Übung.*
Empfehlenswert ist auch das Rätselheft der Landeszentrale für politische Bildung Baden-Württemberg *„Rätselhafte Politik"* mit u. a. 24 Rätseln zu Europa und den Ländern der EU.

8. Literaturhinweise

ACKERMANN, PAUL: Bürgerhandbuch. Wochenschau Verlag 1999 (2. Aufl.)

AKADEMIE FÜR POLITISCHE BILDUNG: Chancen politischer Bildung. Tutzing Nr. 2/1995

BUNDESZENTRALE FÜR POLITISCHE BILDUNG: Grundwerte der Demokratie im internationalen Vergleich. Schriftenreihe, Band 328/1994

BRUNKHORST, HAUKE: Demokratie als Solidarität unter Fremden; Universalismus, Kommunitarismus, Liberalismus; in: APuZ, Beilage zur Wochenzeitung „Das Parlament", Nr. 36/96

CIUPKE, PAUL/REICHLING, NORBERT: Politische Erwachsenenbildung als Ort öffentlicher Verständigung; in: APuZ, Beilage zur Wochenzeitung „Das Parlament", Nr. 45-46/94

Das politische Geschäft und die demokratische Herausforderung, in: Zeitschrift „PZ" Nr. 70 / Nov. 1992

DETTLING, WARNFRIED: Die moralische Gesellschaft; in: DIE ZEIT, Nr. 8/97

DETTLING, WARNFRIED: Politik und Lebenswelt – Vom Wohlfahrtsstaat zur Wohlfahrtsgesellschaft. Verlag Bertelsmann Stiftung, 1995

DICHANZ, HORST: Medienkompetenz: Neue Aufgabe politischer Bildung; in: APuZ, Beilage zur Wochenzeitung „Das Parlament", Nr. 47/95

DIE MITMACHGESELLSCHAFT; in: PZ „Wir in Europa", Nr. 86 / Juni 1996

DREHER, WALTER: ICH – Ein Volk auf dem Ego-Trip; in: FOCUS 27/95

Ehrenamtlichkeit muß sich lohnen; in: Wochenzeitung „Das Parlament", Nr. 7-8/95

EIBL-EIBESFELDT, IRENÄUS: Wider die Mißtrauensgesellschaft. Piper-Verlag, 1994

FEINDT, PETER HENNING/FRÖCHLING, HELMUT: Offene Bürgergesellschaft oder Vielfalt statt Einfalt in der politischen Mitte. Rissener Rundbrief 6/7/1995

GERBERT, FRANK: Sehnsucht nach Werten; in: FOCUS 12/97

GIESECKE, H.: Das Ende der Erziehung. Klett-Cotta 1996

GOLEMAN, DANIEL: Emotionale Intelligenz. dtv-Taschenbuch Nr. 36020, 1997

GROSSKOPF, RUDOLF: Der Bürger kommt von unten; in: Das Sonntagsblatt, Nr. 11/98

HEPP, GERD/SCHIELE, SIEGFRIED/UFFELMANN, UWE: Die schwierigen Bürger. Wochenschau Verlag, 1994

HEPP, GERD: Wertewandel und Bürgergesellschaft; in: APuZ, Beilage zur Wochenzeitung „Das Parlament", Nr. 52-53/96

HINTE, HOLGER: Freiheit und Gemeinsinn; Georgios Chatzimarkakis. Lemmens-Verlag, 1996

IBEN, GERD: Sozialethik, Marktwirtschaft und Gemeinsinn; in: APuZ, Beilage zur Wochenzeitung „Das Parlament", Nr. 51/95

INGLEHART, RONALD: Kultureller Umbruch – Wertewandel in der westlichen Welt. Campus Verlag 1989

JASCHKE, HANS-GERD: Politikverdrossenheit; in: WOCHENSCHAU, Sonderausgabe Sek. II, Dezember 1993

Jugend 96, Wochenzeitung „Das Parlament", Nr. 3-4/96

JUGENDWERK DER DEUTSCHEN SHELL: Jugend '97 - Zukunftsperspektiven, gesellschaftliches Engagement, politische Orientierung. Leske + Budrich 1997

KAHSNITZ, DIETMAR: Politische Bildung: Ohne Krisenbewußtsein in die Krise; in: APuZ, Beilage zur Wochenzeitung „Das Parlament", Nr. 47/96

KANTHER, MANFRED, EHM. BUNDESMINISTER DES INNEREN: Wertewandel und Innere Sicherheit; in: Bulletin des Deutschen Bundestages Nr. 14/1995, S. 111 ff

KASCHUBA, WOLFGANG: Bedeutung und Deutung der „kleinen Dinge im täglichen Leben"; in: Wochenzeitung „Das Parlament", Nr. 33-34/95

KLEIN, ANSGAR: Grundwerte in der Demokratie; in: Schriftenreihe der Bundeszentrale für politische Bildung, Band 330

KLEIN, ANSGAR: Zwischen Pflicht und Selbstentfaltung; in: Wochenzeitung „Das Parlament", Nr. 50/94

KLEIN, ANSGAR u.a.: Politische Beteiligung und Bürgerengagement in Deutschland. Schriftenreihe der Bundeszentrale für politische Bildung, Band 347, Nomos Verlag 1997

KOOPMANN, KLAUS: Die politische Beteiligung junger Menschen: (k)ein Thema für die politische Bildung? In: APuZ, Beilage zur Wochenzeitung „Das Parlament", Nr. 45-46/94

KÜHNHARDT, LUDGER: Jeder für sich und alle gegen alle. Herder Spektrum, Band 4327, 1994

KULENKAMPFF, HANS-JOACHIM: Nachtgedanken. Herbig-Verlag, 1989

LOHMANN, KARL REINHARD: Was ist eigentlich Wirtschaftsethik? - Eine systematische Einführung; in: APuZ, Beilage zur Wochenzeitung „Das Parlament", Nr. 21/97 v. 16.05.97

MEYER, THOMAS: Die Transformation des Politischen. Suhrkamp-Edition, Band 908, 1994.

MISSELWITZ, HANS-J.: Politikwahrnehmung und Politikvermittlung in den neuen Bundesländern; in: APuZ, Beilage zur Wochenzeitung „Das Parlament", Nr. 45-46/94.

MIT mischen, MIT machen, MIT bestimmen – Thema: Verantwortung; in: Zeitschrift „PZ – Wir in Europa", Nr. 76 / Nov. 1993

NICLAUß, KARLHEINZ: Vier Wege zur unmittelbaren Bürgerbeteiligung; in: APuZ, Beilage zur Wochenzeitung „Das Parlament", Nr. 14/97

PROBST, LOTHAR: Gesellschaft versus Gemeinschaft? – Zur Tradition des dichotomischen Denkens in Deutschland; in: APuZ, Beilage zur Wochenzeitung „Das Parlament", Nr. 36/96

REESE-SCHÄFER, WALTER: Die politische Rezeption des kommunitarischen Denkens in Deutschland; in: APuZ, Beilage zur Wochenzeitung „Das Parlament", Nr. 36/96.

REINHARDT, SIBYLLE: Braucht die Demokratie politische Bildung? In: APuZ, Beilage zur Wochenzeitung „Das Parlament", Nr. 47/96

SARCINELLI, ULRICH: „Verfassungspatriotismus" und „Bürgergesellschaft" oder: – Was das demokratische Gemeinwesen zusammenhält; in: APuZ, Beilage zur Wochenzeitung „Das Parlament", Nr. 34/93

SCHIELE, SIEGFRIED: Politische Bildung in schwieriger Zeit; in: APuZ, Beilage zur Wochenzeitung „Das Parlament", Nr. 47/96

SCHIELE, SIEGFRIED/SCHNEIDER, HERBERT (HRSG.): Rationalität und Emotionalität in der politischen Bildung. J. B. Metzler 1991

SOLZBACHER, CLAUDIA: Politische Bildung im pluralistischen Rechtsstaat. Leske + Budrich, 1994

SPIEWAK, MARTIN: Ihr seid das Volk – Basisinitiativen erobern die internationale Bühne; in: Das Sonntagsblatt, Nr. 11/95

SUTOR, BERNHARD: Nationalbewußtsein und universale politische Ethik; in: APuZ, Beilage zur Wochenzeitung „Das Parlament", Nr. 10/95

THIERSCH, HANS/WERTHEIMER, JÜRGEN/GRUNWALD, KLAUS: „... Überall, in den Köpfen und Fäusten". Auf der Suche nach Ursachen und Konsequenzen von Gewalt. Wissenschaftliche Buchgesellschaft 1994

TIBI, BASSAM: Multikultureller Werte-Relativismus und Werte-Verlust: in: APuZ, Beilage zur Wochenzeitung „Das Parlament", Nr. 52-53/96

TÖNNIES, SIBYLLE: Kommunitarismus – diesseits und jenseits des Ozeans; in: APuZ, Beilage zur Wochenzeitung „Das Parlament", Nr. 36/96

WEIDNER, O. ULRICH: Ist die postmaterielle Gesellschaft noch zu retten? In: APuZ, Beilage zur Wochenzeitung „Das Parlament", Nr. 18-19/95

WELLERSHOFF, DIETER: Führen. Wollen – Können – Verantworten. Bouvier, 1997

Werte – Was wir wollen, was wir sollen, was wir sind; in: Zeitschrift „PZ – Wir in Europa" Nr. 72 / März 1993

WICKERT, ULRICH: Das Buch der Tugenden. Hoffmann und Campe, 1995

WICKERT, ULRICH: Der Ehrliche ist immer der Dumme. Hoffmann und Campe, 1994

WINKEL, OLAF: Wertewandel und Politikwandel; in: APuZ, Beilage zur Wochenzeitung „Das Parlament", Nr. 52-53/96

Zentrum Innere Führung: Arbeitspapier „Wahlen", Nr. 2/98

9. Anlagen

9.1 Schaubilder und Tabellen

Schaubild 1:   Ein Tag in Deutschland
Schaubild 2:   Der Staatsbürger in Uniform
Schaubild 3:   Allgemeine Ziele
Schaubild 4:   Besondere Ziele
Schaubild 5:   Die Krise des sozio-kulturellen Systems
Schaubild 6:   Die Beziehung zwischen gesellschaftlichem
               Wandel und Wertewandel
Schaubild 7:   Motive zum Engagement nach Wichtigkeit
Schaubild 8:   Beispiel Ehrenamt
Schaubild 9:   Beispiel Ehrenamt
Schaubild 10: Strukturelle Teilnehmerorientierung

9.2 Presseberichterstattung

Drei Bürger für ihre Zivilcourage ausgezeichnet
Keine Spur von Politikverdrossenheit
Vom Reichtum einer unbebzahlten Tätigkeit
An die Stelle von Gemeinwohl ist „mein Wohl" getreten
Thema Zukunft

9.3. Zitate

9.4 Materialien

9.4.1 Ausbildungshilfen
9.4.2 Spiele
9.4.3 Video/Filme
9.4.4 CUA-Programme

10. Anschriftenverzeichnis

9. Anlagen

9.1   Schaubilder und Tabellen

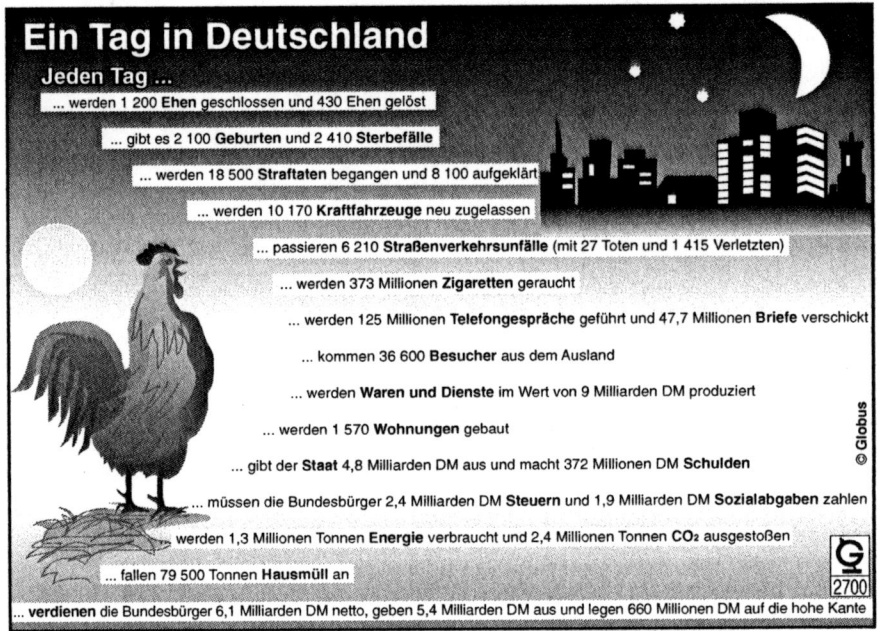

Schaubild 1: Ein Tag in Deutschland

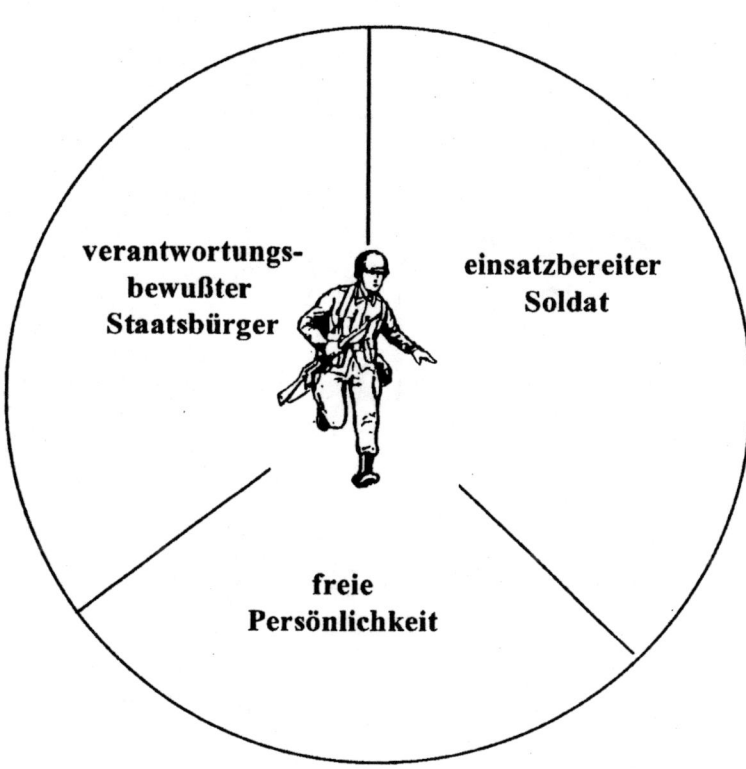

Schaubild 2: nach: ZDv 10/1, Nr. 203

Politische Bildung
Allgemeine Ziele

• **Informationen** über Faktoren und Funktionszusammenhänge politischer Prozesse

• **entwickeln** eines politischen **Problembewußtseins**, der **politischen Urteilsfähigkeit**

• **fördern** der Erkenntnis des eigenen **Standortes** im Rahmen der Gesamtgesellschaft

• **Bejahung** der **Grundwerte** der freiheitlichen **Demokratie**

• **entwickeln** der Fähigkeit zu **politischem Handeln**

• **einüben** **demokratischer Spielregeln** und Verhaltensweisen

Schaubild 3

Politische Bildung
Besondere Ziele

• <u>Schutz und Verteidigungswürdigkeit</u>
der Grundordnung verdeutlichen

• Erkennen und Auseinandersetzen mit
der <u>Rolle des Soldaten</u> in Staat und
Gesellschaft

• Sachgerechter Gebrauch der
<u>staatsbürgerlichen Rechte</u> und
Erkennen der politischen Bedeutung
der <u>gesetzlichen Pflichten</u>

Schaubild 4

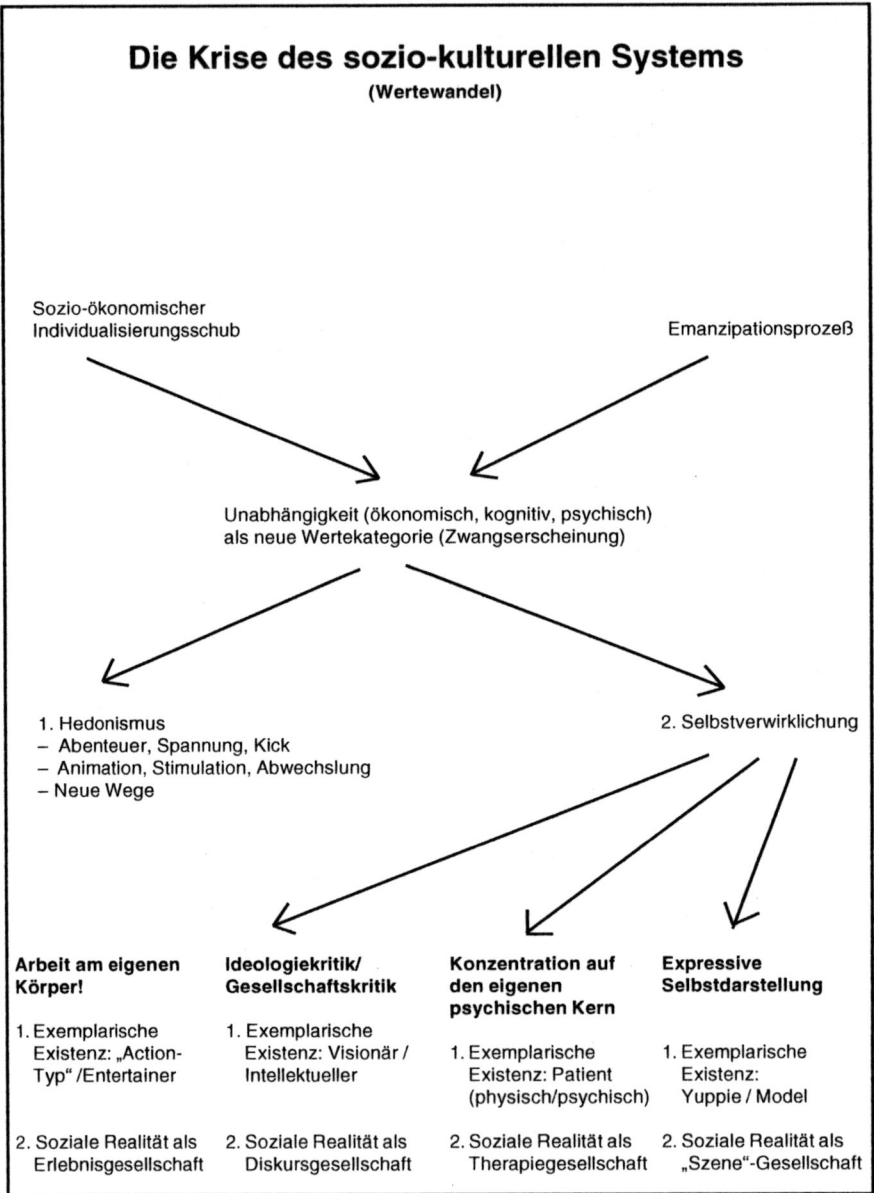

Die Krise des sozio-kulturellen Systems
(Wertewandel)

Sozio-ökonomischer
Individualisierungsschub   Emanzipationsprozeß

Unabhängigkeit (ökonomisch, kognitiv, psychisch)
als neue Wertekategorie (Zwangserscheinung)

1. Hedonismus   2. Selbstverwirklichung
– Abenteuer, Spannung, Kick
– Animation, Stimulation, Abwechslung
– Neue Wege

Arbeit am eigenen Körper!	**Ideologiekritik/ Gesellschaftskritik**	**Konzentration auf den eigenen psychischen Kern**	**Expressive Selbstdarstellung**
1. Exemplarische Existenz: „Action-Typ" /Entertainer	1. Exemplarische Existenz: Visionär / Intellektueller	1. Exemplarische Existenz: Patient (physisch/psychisch)	1. Exemplarische Existenz: Yuppie / Model
2. Soziale Realität als Erlebnisgesellschaft	2. Soziale Realität als Diskursgesellschaft	2. Soziale Realität als Therapiegesellschaft	2. Soziale Realität als „Szene"-Gesellschaft

Schaubild 5

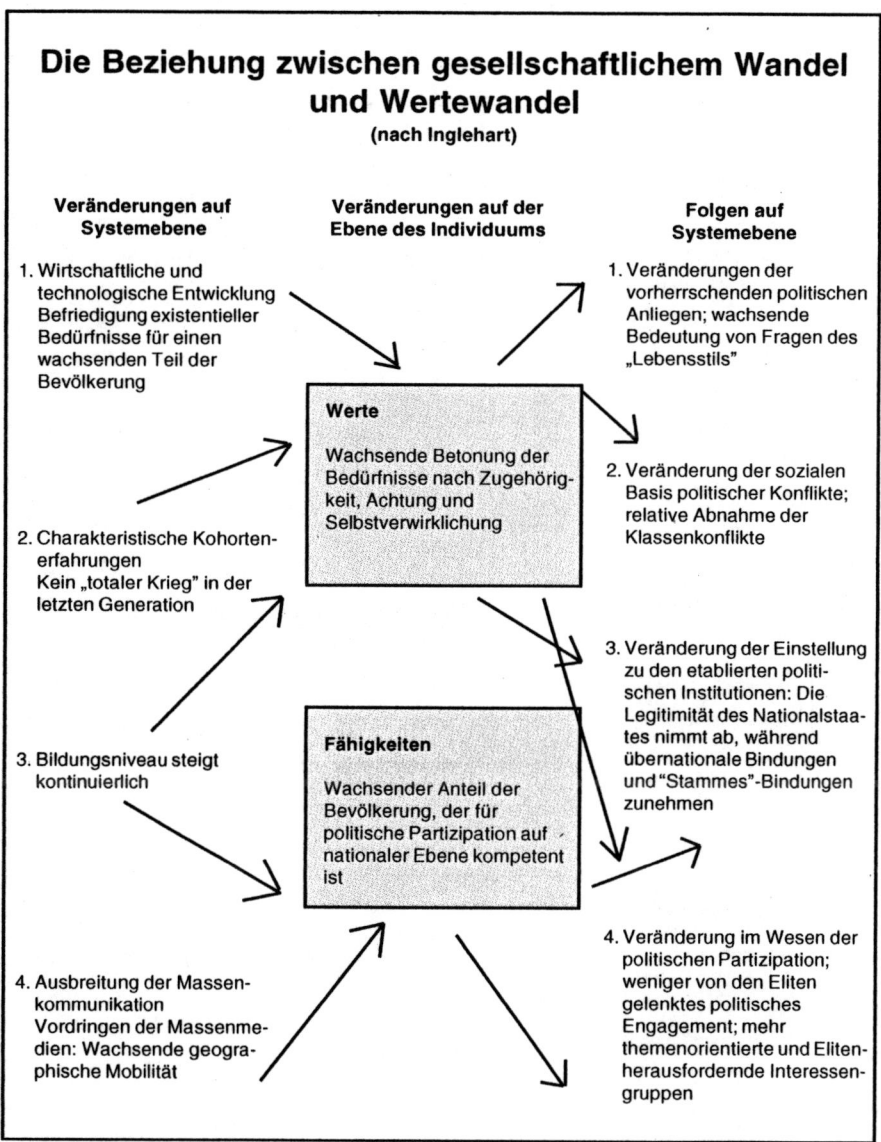

Die Beziehung zwischen gesellschaftlichem Wandel und Wertewandel

(nach Inglehart)

Veränderungen auf Systemebene

1. Wirtschaftliche und technologische Entwicklung Befriedigung existentieller Bedürfnisse für einen wachsenden Teil der Bevölkerung

2. Charakteristische Kohortenerfahrungen Kein „totaler Krieg" in der letzten Generation

3. Bildungsniveau steigt kontinuierlich

4. Ausbreitung der Massenkommunikation Vordringen der Massenmedien: Wachsende geographische Mobilität

Veränderungen auf der Ebene des Individuums

Werte

Wachsende Betonung der Bedürfnisse nach Zugehörigkeit, Achtung und Selbstverwirklichung

Fähigkeiten

Wachsender Anteil der Bevölkerung, der für politische Partizipation auf nationaler Ebene kompetent ist

Folgen auf Systemebene

1. Veränderungen der vorherrschenden politischen Anliegen; wachsende Bedeutung von Fragen des „Lebensstils"

2. Veränderung der sozialen Basis politischer Konflikte; relative Abnahme der Klassenkonflikte

3. Veränderung der Einstellung zu den etablierten politischen Institutionen: Die Legitimität des Nationalstaates nimmt ab, während übernationale Bindungen und "Stammes"-Bindungen zunehmen

4. Veränderung im Wesen der politischen Partizipation; weniger von den Eliten gelenktes politisches Engagement; mehr themenorientierte und Elitenherausfordernde Interessengruppen

Schaubild 6: Inglehart, Ronald: Kultureller Umbruch. Wertewandel in der westlichen Welt. Frankfurt/New York, 1989

MOTIVE ZUM ENGAGEMENT NACH WICHTIGKEIT
(Mittelwerte, 4=sehr wichtig, 1=unwichtig)

Motiv	Gesamt	Geschlecht		Bundesland		Alter			
		männl.	weibl.	alt	neu	12-14 J.	15-17 J.	18-21 J.	22-24 J.
1. muß es Spaß machen	3,5	3,5	3,5	3,5	3,5	3,6	3,5	3,5	3,4
2. muß ich jederzeit wieder aussteigen können	3,3	3,2	3,3	3,3	3,2	3,2	3,3	3,3	3,2
3. muß ich mitbestimmen können, was ich genau tue	3,1	3,1	3,1	3,1	3,1	3,0	3,2	3,1	3,1
4. will ich meine besonderen Fähigkeiten einbringen können	3,0	3,0	3,0	3,0	3,1	3,0	3,0	3,1	3,0
5. muß das Ziel in angemessener Form erreicht werden	3,0	3,0	3,0	3,0	3,0	2,9	3,0	3,1	3,0
6. muß es Jugendlichen etwas bringen	2,9	2,9	2,9	2,9	3,0	2,9	3,0	2,9	2,8
7. will ich neue Freunde kennenlernen	2,9	2,9	2,9	2,9	2,9	3,0	2,9	2,9	2,8
8. will ich dabei für mein weiteres Leben etwas lernen	2,9	2,9	2,9	2,8	3,0	2,8	3,0	2,9	2,9
9. müssen Freunde mitmachen	2,8	2,8	2,8	2,8	2,8	2,9	2,9	2,8	2,6
10. muß etwas ganz anderes sein, als ich in der Schule/im Betrieb mache	2,6	2,7	2,6	2,7	2,6	2,8	2,7	2,6	2,5
11. muß ich davon überzeugt sein, daß es wichtig für die Gesellschaft ist	2,6	2,6	2,6	2,6	2,5	2,4	2,6	2,7	2,7
12. darf mir keiner Vorschriften machen	2,6	2,6	2,6	2,6	2,6	2,6	2,7	2,6	2,6
13. muß ich schnell sehen, ob dieses Engagement etwas „bringt"	2,6	2,6	2,6	2,7	2,6	2,6	2,7	2,7	2,6
14. will ich nur mit anderen Jugendlichen zusammenarbeiten	2,5	2,5	2,4	2,5	2,4	2,6	2,6	2,4	2,3
15. müssen dies meine Freunde gut finden	2,3	2,3	2,2	2,3	2,2	2,3	2,3	2,2	2,1
16. müssen meine Eltern dafür sein	2,1	2,0	2,1	2,1	2,0	2,7	2,2	1,9	1,7
17. möchte ich dabei Geld verdienen	2,1	2,2	2,1	2,1	2,2	2,1	2,2	2,2	2,1
18. möchte ich für die geopferte Zeit durch Freistellung von der Arbeit/ von der Schule entschädigt werden	2,1	2,1	2,0	2,1	1,9	2,0	2,1	2,1	2,0

Schaubild 7:   12. Shell-Jugendstudie „Jugend 97", S. 325, Opladen 1997

Zum Beispiel Ehrenamt

- Auslandseinsatz für einen Friedensdienst
- Bürgermeister/in
- Chor leiten
- Dorffest vorbereiten
- Einsatzleiter der Freiwilligen Feuerwehr
- Ferienbetreuer
- Gemeideratmitglied
- Hausaufgabenbetreuung
- Initiative für autofreie Siedlung
- Jugendvertreter im Betrieb
- Kriegsgräber pflegen
- Leichtathletik-Übungsleiter
- Mitteilungen des Vereins drucken
- Naturschutz-Projekte
- Obdachlose Kinder betreuen
- Pfarrbücherei leiten
- Renaturierung eines Bachufers
- Schöffe bei Gericht
- Telefonseelsorge
- Übersiedler-Familien betreuen
- Vereinsposten übernehmen
- Wachdienst bei der DLRG
- Zeltlager-Betreuung

Schaubild 8: Zum Beispiel Ehrenamt

Zum Beispiel Selbsthilfe

Rund 100 000 Selbsthilfegruppen – 2,5 Millionen Menschen engagieren sich. Die Einsicht wächst, daß der Staat nicht für alles zuständig sein kann.

Rund zwölf Millionen Deutsche sind freiwillig aktiv. Ihre unentgeltliche Arbeit hat einen Wert von 48 Milliarden Mark.

In den 85 000 Sportvereinen arbeiten fast 2,6 Millionen Menschen als Trainer, Schriftführer oder in einer anderen Helferfunktion.

Zum Beispiel Ehrenamt

Rund zwölf Millionen sind freiwillig aktiv. Der Gegenwert: 48 Milliarden Mark jährlich – das Ehrenamt boomt. Ein altes Wort mit immer neuem Leben

Rund 23 Prozent der unter 25jährigen engagieren sich für andere.

Zum Beispiel Mitmachen

Fast ein Viertel der unter 25jährigen engagieren sich. Sie helfen anderen. Und machen Erfahrungen: Gutes tun, tut gut.

Schaubild 9

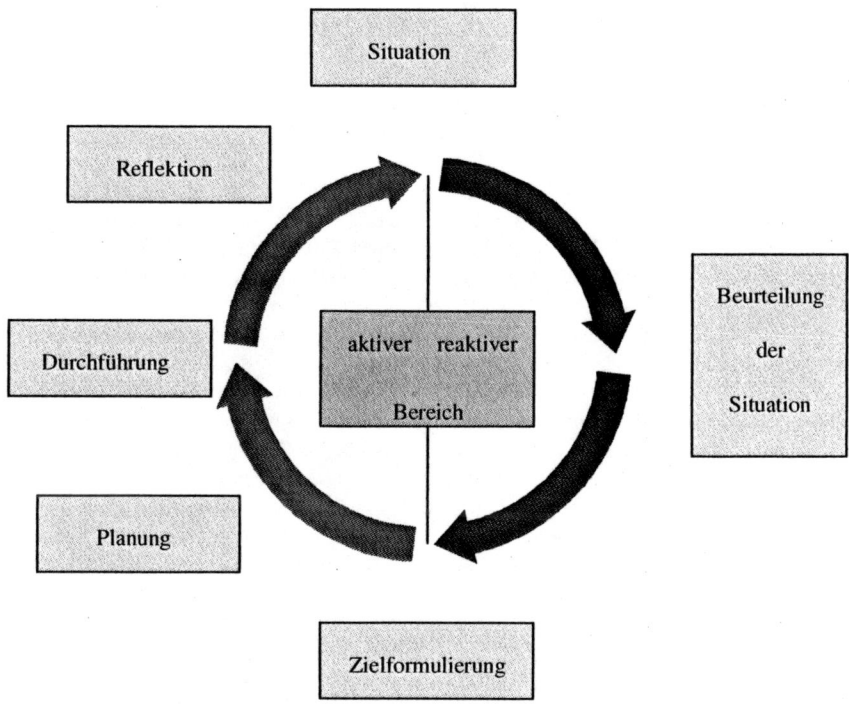

Schaubild 10: Strukturelle Teilnehmerorientierung

9.2. Presseberichterstattung

Drei Bürger für ihre
Zivilcourage ausgezeichnet

Preisverleihung zum 40. Jubiläum der Aktion Gemeinsinn

Berlin. (dpa) Die älteste deutsche Bürgerinitiative, die „Aktion Gemeinsinn e. V.", hat zu ihrem 40jährigen Bestehen erstmals Preise an drei Bürger für ihre Zivilcourage verliehen.

Ausgezeichnet wurden gestern in Berlin Josef Müller aus München wegen seines Engagements für die NS-Widerstandsorganisation „Weiße Rose" und Werner Tropens aus dem thüringischen Altenburg für sein Eintreten für ein vereinigtes Deutschland. Die dritte Auszeichnung ging an die Pastorin Beatrix Spreng aus Joachimsthal in Brandenburg für ihre Arbeit mit gewaltbereiten Jugendlichen aus der rechten Szene. Die Auszeichnungen sind mit jeweils 5 000 Mark dotiert. Die Preisträger hätten für eine gute Sache bewußt Nachteile in jeder Gestalt bis hin zu Lebensgefahr in Kauf genommen, sagte der Vorsitzende der Aktion, Carl-Christoph Schweitzer, bei dem Festakt im Schloß Charlottenburg. So war Müller wegen des Verbreitens von hochverräterischen Flugblät-

tern bis Kriegsende inhaftiert. 1987 gründete er die Weiße-Rose-Stiftung, die das Gedankengut der Widerstandsgruppe gegen den Nationalsozialismus bewahrt. Tropens hörte und verbreitete in der DDR Sendungen des RIAS und informierte den West-Berliner Sender über Mißstände in der DDR. Er war von 1963 bis 1966 in Haft. Die evangelische Pastorin Spreng rief Kulturaktionen und Musikbands für junge Leute ins Leben und organisierte Begegnungen mit ausländischen Jugendlichen. In Kirche und Pfarrhaus wurde mehrfach eingebrochen, öffentliche Gebäude mit Hakenkreuzen und Naziparolen beschmiert. Die Aktion Gemeinsinn will Bürger für gesellschaftliche und politische Probleme sensibilisieren und sie zu persönlichem Engagement anregen. In der Aktion sind auch Prominente aus Politik, Wirtschaft, Kultur und Wissenschaft engagiert, darunter Altbundespräsident Richard von Weizsäcker und der frühere SPD-Chef Hans-Jochen Vogel.

Quelle: Bonner Generalanzeiger vom 13.09.1997

Keine Spur von Politikverdrossenheit

Jugendliche erproben den parlamentarischen Alltag

Von Alexander Lucas

Bonn. Nicht etwa die Absenkung des Wahlalters oder ein neu eingeführtes Rotationsprinzip bescherte Bonn für drei Tage 430 Jungparlamentarier. Vielmehr hatten die Veranstalter des Programms „Jugend und Parlament" junge Politikbegeisterte eingeladen, den parlamentarischen Alltag zu erleben.

Die „zukünftigen Kolleginnen und Kollegen", wie der parlamentarische Geschäftsführer der CDU/CSU-Fraktion, Andreas Schmidt, scherzhaft die Teilnehmer nannte, folgten der Einladung ihres jeweiligen Wahlkreisabgeordneten. Neben zwei Plenarsitzungen standen Diskussionsgruppen zu verschiedenen Themen und Treffen mit den Abgeordneten in den Landesvertretungen auf der Tagesordnung des seit 1984 stattfindenden Programms.

Auch in den Fraktionsräumen kamen die Jungparlamentarier mit den Fraktionsspitzen ins Gespräch. Eines wurde dabei von den Abgeordneten festgestellt: Die Jugend ist keineswegs politikverdrossen. Das sei „dummes Zeug", so SPD-Fraktionschef Rudolf Scharping. Auch Gregor Gysi, PDS-Gruppensprecher, bemerkte, daß die Jugendlichen viel interessierter seien, als ihnen unterstellt werde. „Mischen Sie sich ein!", so sein Appell. Bundestagspräsidentin Rita Süssmuth (CDU) lud die junge Generation ein, sich mit Kreativität an der Veränderung zu beteiligen.

Ganz dem parlamentarischen Brauch folgend, diskutierten die Jugendlichen mit „richtigen" Bundestagsabgeordneten in zehn Gesprächskreisen über die „schöne neue Medienwelt", die „Chancen und Risiken des euro-

Mit Kreativität an der Veränderung beteiligen

päischen Einigungsprozesses" und die Frage „Wehrpflicht oder Berufsarmee?". Auch Themen wie Organhandel, Solidaritätsbeitrag, Sekten und Pyschogruppen wurden behandelt.

In der abschließenden Plenardebatte stellten Berichterstatter gestern den Diskussionsverlauf und die Ergebnisse der Gesprächsforen vor. Eine zeitweise heftige, oft

parteipolitisch gefärbte Debatte der Jugendlichen schloß sich an die Berichte an. In der allgemeinen Aussprache beklagten einige Teilnehmer die festgefahrenen Ansichten und parteipolitischen Prägungen ihrer Kollegen. „Laßt uns uns selbst so früh noch nicht in enge Schubladen pressen", so ein Redebeitrag. Der Vorschlag, Jugend im Parlament zukünftig zu verlängern, fand großen Beifall unter den Teilnehmern, könne man doch dann verstärkt inhaltlich arbeiten.

Auch die „echten" Bundestagsabgeordneten ergriffen zum Schluß der Debatte das Wort und sprachen den Jugendlichen ein großes Kompliment aus, was den Debattenstil betraf: „Es wäre schön, wenn wir auch mal

Gegen eine Risiko- und für eine Chancendiskussion

so locker diskutieren könnten", so Detlev von Larcher (SPD). Heiner Geißler (CDU) trat dafür ein, keine Risiko-, sondern eine Chancendiskussion zu führen und dabei den Blick auf die Zukunft zu richten. Einiges, was die Jugendlichen in den drei Tagen praktiziert haben, sehnten die Abgeordneten auch für ihren Bonner Alltag herbei. Matthias Berninger von Bündnis 90/Die Grünen, mit Jahrgang 1971 selbst noch ein „Youngster" unter den Abgeordneten, forderte dazu auf, Argumente in den Vordergrund zu rücken, dafür weniger parteipolitisch zu entscheiden. Ulrich Heinrich (FDP) wünschte sich für die echten Plenardebatten mehr freie und kurze Redebeiträge, und Gregor Gysi fand in der Veranstaltung die Bestätigung, daß die Jugendlichen „meine Hoffnung sind und bleiben". Interessante Eindrücke und Erlebnisse nehmen die Jugendlichen mit nach Hause – auch jene, die nicht auf des Kanzlers Sessel oder am Rednerpult für ein Fotoandenken posierten. Ob die von den Teilnehmern vorgetragenen Ansichten und Statements allerdings in die praktische Politik einfließen werden, ist fraglich; denn der Dialog mit den Abgeordneten blieb doch sehr eingeschränkt.

Alexander Lucas (23) ist Politikstudent in Heidelberg und hat über den „Verband junger Medienmacher" an der Veranstaltung teilgenommen

Quelle: Bonner Generalanzeiger, 25. September 1996

Vom Reichtum einer
unbezahlten Tätigkeit

GA-Serie über Ehrenamtler - Streit um Anerkennung

Von Claudia Wallendorf

Sie besuchen Kranke und Senioren. Sie verkaufen Bons und sammeln Spenden. Sie organisieren vieles. Und übernehmen Verantwortung. Manchmal entscheiden sie sogar über Recht und Unrecht. Ohne sie würde das Gemeinwesen nicht funktionieren. Gemeint sind Menschen, die ein Ehrenamt bekleiden.

„Wir können immer viele Helfer gebrauchen." Elfriede Bollig aus Werthhoven gehört zum Leitungsteam der katholischen Frauengemeinschaft St. Maria Rosenkranzkönigin in Wachtberg-Berkum. Mit dem Thema "Ehrenamt" hat sich die Frauengemeinschaft bei einem Diskussionsabend ausführlich auseinandergesetzt. Dabei ging es auch darum, zu überlegen, wie mehr Ehrenamtler gewonnen werden können.

„Ohne das Ehrenamt wäre unsere Gesellschaft nicht überlebensfähig."

Bundespräsident Roman Herzog

„Es gibt heutzutage nicht mehr so viele Frauen, die bereit sind, sich zu engagieren", sagt Bollig. „Weil viele Frauen heute auch berufstätig sind und dann eben die Zeit fehlt", fügt sie erklärend hinzu. Für den ehrenamtlichen Einsatz ernte man zwar einerseits durchaus Lob und Anerkennung, aber „man setzt sich manchmal auch der öffentlichen Kritik aus", weiß Bollig. Ein wenig würde wohl auch die Vorstellung abschrecken, sich durch die Übernahme eines Ehrenamts langfristig zu binden. Deshalb sei es leichter, Neulinge für zeitlich begrenzte Tätigkeiten zu gewinnen.

Auch die politische Dimension des Themas kam bei der Diskussion der Frauengemeinschaft zur Sprache. Mit der Frage nach der steuer- und rentenrechtlichen Anerkennung eines Ehrenamtes wird sich der Bundesverband der Katholischen Frauengemeinschaft Deutschlands nämlich auch in Zukunft beschäftigen. Dabei geht es nicht um eine direkte Entlohnung, sondern um eine Anrechnung der ehrenamtlichen Arbeit ähnlich der von Erziehungszeiten für Kinder. Ein Ziel, dem aufgrund der angespannten Finanzlage jedoch schon zu diesem Zeitpunkt nur wenig Chancen eingeräumt wurden. Mittlerweile gibt es dazu ein Urteil des Bundessozialgerichts (der GA berichtete). Die Bundesversicherungsanstalt in Berlin weigerte sich, einer Frau aus Nordrhein-Westfalen, die jahrelang für eine Diakonie- und Sozialstation der evangelischen Kirche des Rheinlandes kranke und alte Menschen betreut hatte, diese Zeiten für die Rentenversicherung gutzuschreiben. Das Landessozialgericht hatte die Bundesversicherungsanstalt zuvor dazu verurteilt. Diese legte beim Bundessozialgericht Revision ein und bekam recht.

Bald ein Fünftel der Deutschen ab zwölf Jahren übte in den Jahren 1991/92 ein Ehrenamt aus. Das geht aus einem Sonderdruck zum Thema „Ehrenamtliches Engagement in Deutschland" in der April-Ausgabe der Publikation „Wirtschaft und Statistik" des Statistischen Bundesamtes Wiesbaden hervor. Männer sind nach dieser Auswertung übrigens mit 20 Prozent gegenüber Frauen mit 15 Prozent stärker in Ehrenämtern vertreten.

Die höchste äußere Auszeichnung, die einem Ehrenamtler zuteil werden kann, ist – wenn man so will – das Bundesverdienstkreuz. Dieser Orden wird vom Bundespräsidenten verliehen. Er ist jedoch nicht ausschließlich ehrenamtlich engagierten Personen vorbehalten. Der 1951 von Theodor Heuss gestiftete Orden wird an Bürger vergeben, die sich um ihr Heimatland und das Allgemeinwohl verdient gemacht haben. Dazu können Sportler und Künstler ebenso gehören wie eine Mode-Schöpferin oder eben Menschen, die ein Ehrenamt bekleiden.

Der mögliche Erhalt des Bundesverdienstordens dürfte aber kaum ein ausschlaggebender Grund für ehrenamtliches Engagement sein. Die Motivationen dafür sind genauso vielschichtig wie die jeweilige ehrenamtliche Tätigkeit. Einige Gesichter, die der Einsatz für das Gemeinwohl haben kann, wird der General-Anzeiger in den kommenden Wochen vorstellen. Es sind Menschen, die sich im Rahmen einer Institution engagieren, ohne dafür mit Geld entlohnt zu werden. Viele fühlen sich dennoch belohnt - beispielsweise durch Erfahrungen.

CDU stiftet Preis für Ehrenamtler

Auch die Bonner CDU bestäftigt sich mit dem Thema „Ehrenamt". „Ja zum Ehrenamt" heißt die Initiative, mit deren Hilfe über ehrenamtliches Engagement und auch die damit zusammenhängenden Probleme informiert werden soll. Gleichzeitig wollen sich die Kommunalpolitiker bei Ehrenamtlern bedanken und mehr Bürger für dieses Amt gewinnen. Den Auftakt zu der Aktion macht die Anhörung „Gemeinsinn geht vor Eigensinn" am heutigen Mittwoch um 20 Uhr in der Stadthalle Bad Godesberg. Über den „Alltag im Ehrenamt" werden Betroffene am Dienstag, 5. November, um 20 Uhr im Universitätsclub Bonn, Konviktstraße 9, sprechen. Höhepunkt der Initiative soll die Festveranstaltung „Bonner Tag des Ehrenamtes", am Donnerstag, 5 Dezember, um 20 Uhr in der Stadthalle sein. Dann wird auch der Ehrenamtspreis der Bonner CDU verliehen. Außerdem haben Vereine, Initiativen und Selbsthilfegruppen bei dieser Veranstaltung die Möglichkeit, über ihre Arbeit zu informieren.   (wac)

Quelle: Bonner Generalanzeiger vom 25.09.1996

Neue Befunde zum Wertebewußtsein der Jugendlichen - Kluft zwischen Generationen ist in Deutschland besonders groß

An die Stelle von Gemeinwohl ist „mein Wohl" getreten

Von ANDREAS PÜTTMANN

Falls Medienberichte die Realität abbilden sollten, kann einem angst und bange werden: „Gewalt an den Schulen wächst", „In Bremen ist jeder dritte Schüler bewaffnet", „Schlachtfeld große Pause", „Schule schwänzen in großem Stil", „Kehrtwende des vergangenen Jahres. Gleichzeitig ein Tyrann Kind Grenzen setzen" - so lauteten Schlagzeilen des vergangenen Jahres. Gleichzeitig haben sich die Fronten in der Debatte um Werte, Normen und Tugenden verschoben. Dies ergibt ein Vergleich von älteren und neuen Wertumfragen unter Jugendlichen.

Bereits Meinungsforscher im Rahmen einer internationalen Wertestudie zu Beginn der achtziger Jahre entdeckten, daß die Generationskluft in keinem Land so groß war wie in Westdeutschland, erfaßte die Krisenstimmung zunächst nur kleine Kreise in Politik und Gesellschaft, die ohnehin schon von der Notwendigkeit einer „geistig-moralischen Wende" überzeugt waren. Der Anteil der Jugendlichen, die in keinem der Bereiche Religion, Politik, Moral, Umgang mit anderen Menschen und Sexualität ähnliche Ansichten wie ihre Eltern bekundeten, stieg zwischen 1980 bis 1990 von 20 auf 27 Prozent. In den USA gaben nur zehn, im übrigen Europa 15 Prozent der unter 30jährigen diese Antwort.

Der ostdeutsche Befund lag dagegen (1992) genau im europäischen Durchschnitt. Dort hatte der im deutscher Konsequenz vollzogene 68er Kulturrevolution nicht stattgefunden, deren erklärtes Ziel es war, die Weitergabe traditioneller Werte und „Sekundärtugenden" wie Gehorsam, Selbstbeherrschung, Höflichkeit, Fleiß, Ehrfurcht vor Gott und Achtung menschlicher Autorität zu

unterbinden, um eine Wiederkehr des „Faschismus" unmöglich zu machen. „Erziehung" wurde zum Unwort erster Wahl. Inzwischen hat der kokette Spruch: „Wir sind die, vor denen uns unsere Eltern immer gewarnt haben" die rebellische Jungengeneration von einst in ihren eigenen Früchten eingeholt: Die Grünen-Abgeordnete Beat Scheffer fragte schon 1993 im Landtag von NRW, wie es kommen konnte, „daß statt der mündigen, sozial und ökologisch engagierten, politisch hochmotivierten Jugend unsere Erziehung eine Spezies hervorgebracht hat, die zum überwiegenden Teil egozentrisch, konsumorientiert und im schlimmsten Fall sogar gewalttätig und fremdenfeindlich ist".

Der familiäre Hintergrund eines der Mörder der von Solingen schien ihr Recht zu geben, als die staunende Öffentlichkeit erfuhr: Der Vater ist Mitglied der pazifistischen „Ärzte gegen den Atomkrieg", die Mutter bekämpfte mit der Ökologiebewegung Kernkraftwerke, beide sind überzeugte Linke – der selbstverständlich „Antifaschisten" – der Sohn schimpfte seine Eltern „linke Spießer" und zündete ein Haus an.

Jetzt, die Gewaltexzesse und Tabubrüche erstmals in nennenswertem Umfang auch von rechts kamen, schreckte das linksliberale Establishment auf und rief nach staatlicher „Repression". Der SPD-Politiker Hans-Ulrich Klose forderte eine Rückkehr zum „Erziehungsgedanken" und zu einigen „Sekundärtugenden", die vielleicht „doch primäre Werte für das friedliche Zusammenleben" seien.

Der Grünen-Abgeordnete Joschka Fischer fand zu der uralten Einsicht zurück: „Eine Ethik, die sich nicht auf die tiefer reichende, normative Kraft einer verbindlichen Religi-

on stützen kann, wird es schwer haben, sich in der Gesellschaft durchzusetzen und von Dauer zu sein"; eine Verantwortungsethik ohne „religiöse Tabus" scheine nicht zu funktionieren. Ganz ähnlich schrieb das auch Papst Johannes Paul II. in der Enzyklika *Centesimus annus*.

Doch was die christliche Religiösität und die Anerkennung von festen Normen angeht, so sind die „Kinder der Blumenkinder" ganz nach ihren Eltern geraten. Nur noch 44 Prozent in den alten und 14 Prozent in den neuen Bundesländern glauben an Gott, weniger als ein Fünftel anerkennt noch „klare Maßstäbe für gut und böse." Dies ergibt die jüngste Jugendumfrage des Mannheimer IPOS-Instituts.

Hierin wird ein generelles Problem deutlich: Hohe Zustimmung zu abstrakten Werten, aber niedrige Akzeptanz von Normen und Tugenden, durch die diese Werte erst verwirklicht werden. Entsprechend schätzen sich nur noch 8 Prozent der Jugendlichen als „gesellschaftlich/sozial stark engagiert" ein. Hauptsache, man ist mit sich und seinem Leben zufrieden (West: 95 Prozent, Ost: 85 Prozent) und kann durch Leistungsbereitschaft – die gestiegen ist – etwas daraus machen.

Hier liegt zweifellos der größte Unterschied zur Elterngeneration: Der engagierten Optimisten der 60er und 70er Jahre und die engagierten Pessimisten der 80er sind die unengagierten Optimisten der 90er gefolgt. Deren moralisches Wertegerüst wird aber wohl nur für Zeiten relativer Windstille reichen.

IPOS zufolge übertrifft die Zahl der Kirchengegner (15 Prozent: „Ich lehne sie ab") die Zahl der engagierten Christen, die eine „positive Meinung (und bin selbst aktiv)" über die Kirche bezeugen (13 Prozent). Auch anderen Institutionen begegnen die Jugendlichen – ebenfalls im Sinne der 68er Ideologie – eher mißtrauisch.

Der Affekt gegen die Parteien sitzt tief, politisch erklärt man sich mit absoluter Mehrheit links, nur ein Viertel sympathisiert mit Union und FDP, so die IBM-Jugendstudie von 1995. Die Bereitschaft zum dauerhaften Gestaltungsengagement schwindet zugunsten der spontanen Verhinderungsengagements, wobei „Regelverletzungen" zum akzeptierten Verhalten gehören. Doch auch davon 43 Prozent geäußerten Bereitschaft, in einer Bürgerinitiative mitzuarbeiten, steht ein tatsächliches Engagement von unter 5 Prozent gegenüber.

Kein Wunder: Auf die Emnid-Frage: „Warum sind Sie auf der Welt?" wählen 53

Prozent der jungen Deutschen die hedonistische Antwort: „Ich möchte das Leben genießen". „Ich bin auf der Welt, um etwas Gutes zu tun", meint nur jeder Neunte. An die Stelle von Gemeinwohl ist „mein Wohl" getreten. Und „was der Staat macht, interessiert mich nur, wenn es mich betrifft" (37 Prozent) oder „ist mir egal" (9 Prozent). Zur praktischen militärischen Verteidigung der Demokratie in Deutschland wäre Emnid zufolge nur 19 Prozent bereitstehen, obwohl die Mehrheit unsere Gesellschaftsordnung für „wert" hält, verteidigt zu werden.

Dr. Andreas Püttmann ist Mitarbeiter im Bereich wissenschaftliche Dienste/ Begabtenförderung der Konrad-Adenauer-Stiftung

Quelle:
Welt am Sonntag, 7.1.96

Thema Zukunft

Das Sonntagsblatt sucht Vordenker an den Hochschulen
und Menschen mit Zivilcourage

Auch in einer Zeit bröckelnder Normen gilt: Ohne grundlegenden gesellschaftlichen Konsens lassen sich drängende Zukunftsfragen nicht lösen. Ob bewußt oder unbewußt – Werte besimmen das Handeln im Alltag ebenso, wie sie die Weichen für das menschliche Miteinander in der Zukunft stellen. Entscheidungen in Politik, Wirtschaft und Wissenschaft fallen in einem Geflecht von Normen und Werten. Unabhängig, ob es sich um Gentechnik oder Tierversuche, Arbeitsplatzsicherung oder betriebliches Management, um Verkehrs- und Umweltpolitik oder internationales politisches Krisenmanagement handelt.

Das Sonntagsblatt als christlich orientierte Wochenzeitung will diese Diskussion fördern. Daher vergibt das Sonntagsblatt einen Ethik-Preis für wissenschaftliche Abschlußarbeiten an Studentinnen und Studenten. Die fachlich herausragenden Arbeiten sollen zur Zukunftsdebatte in Politik, Gesellschaft und Kultur beitragen und dabei in besonderer Weise ethische Zielsetzungen wie die soziale Gerechtigkeit, die Bewahrung der Schöpfung oder die Förderung des Friedens berücksichtigen. Zugelassen sind abgeschlossene Magister-, Diplom- und Doktorarbeiten aller Fachrichtungen an Hochschulen und Fachhochschulen, die frühestens 1994 vorgelegt wurden. Die Preise sind wie folgt dotiert: 1. Preis: DM 10.000, 2. Preis: DM 3.000, 3. Preis: DM 2.000, 4. bis 20. Preis: ein DS-Jahresabonnement.

Einzureichen sind ein Exposé von maximal zehn DIN-A4-Seiten über die Grundlinien der Arbeit, ein kurzer Lebenslauf und die Empfehlung zweier Dozenten. Eine unabhängige Jury wird 20 Arbeiten anfordern, prüfen und bewerten. Einsendeschluß für die Exposés ist der 15. März 1995 (es gilt das Datum des Poststempels). Die Preise werden während des Evangelischen Kirchentages vom 14. bis 18. Juni in Hamburg verliehen. Das Sonntagsblatt stellt die Hauptpreisträger und ihre Arbeiten vor.

Außerdem vergibt das Sonntagsblatt einen Sonderpreis Zivilcourage an Bürgerinnen und Bürger, die sich gegen gesellschaftliche Mißstände eingesetzt und Gutes bewirkt haben, in Höhe von DM 5.000. Die Teilnehmer müssen von dritter Seite mit einer kurzen schriflichen Begründung vorgeschlagen werden. Einsendeschluß ist der 30. März, der Preis wird ebenfalls während des Kirchentages verliehen.

9.3. Zitate

„Wer ein Wozu zum Leben hat, erträgt fast jedes Wie."

Immanuel Kant

„Sinn gewinnt das Leben, wenn wir es, soweit möglich, dem naiven Streben nach egoistischer Lust entziehen und in einen Dienst stellen. Wenn wir diesen Dienst ernst nehmen, kommt der „Sinn" von selbst."

Hermann Hesse

„Jeder Bundesbürger weiß, daß wir den Gürtel enger schnallen müssen – und fummelt dabei dem Nachbarn am Gürtel rum!"

Franz Josef Strauß

Toleranz

„Ich halte ihn zwar für einen Schurken und das, was er sagt, für falsch, aber ich bin bereit, mein Leben dafür einzusetzen, daß er seine Meinung sagen kann."

Voltaire (Franz. Philosoph)

„Demokratie heißt, daß sich die Leute in ihre eigenen Angelegenheiten einmischen."

Max Frisch, sinngemäß zitiert

Diese fast ausschließliche „Fixierung" auf
spektakuläre Minderheiten verzerrt die
Realität, nämlich die Tatsache, daß unsere
Gesellschaft – wie jede andere auch – im
wesentlichen aus jenen besteht, die weder
„Täter" noch „Opfer", sondern „Mitläufer"
sind. Jedes Regime, jedes System, jede Regierung – eine Diktatur ebenso wie eine Demokratie – lebt davon, daß die meisten
schweigend akzeptieren oder geschehen
lassen, was eine Minderheit tut, und sich dort
heraushalten, nicht einmischen oder weg-
sehen, wo eine andere Minderheit an den
Rand gedrängt wird. Je größer die Zahl der
Mitläufer in einer Gesellschaft, desto
niedriger die demokratische Kultur. Mitläufer verhalten sich auch im Positiven lau,
weil „man ja schließlich nie wissen kann, was
dabei herauskommt" oder „was die anderen
sagen".

Hauer, N., „Die Mitläufer", S. 162,
Opladen 1994

Freiheit ohne Selbstbeschränkung,
entfesselte Freiheit also, endet auf
wirtschaftlichem Gebiet zwangsläufig
in einem Catch-as-catch-can und
schließlich in dem Ruf nach einem
„starken Mann", der alles wieder
richten soll.

Marion Gräfin Dönhoff,
zit. nach: DIE ZEIT v. 30.08.1996

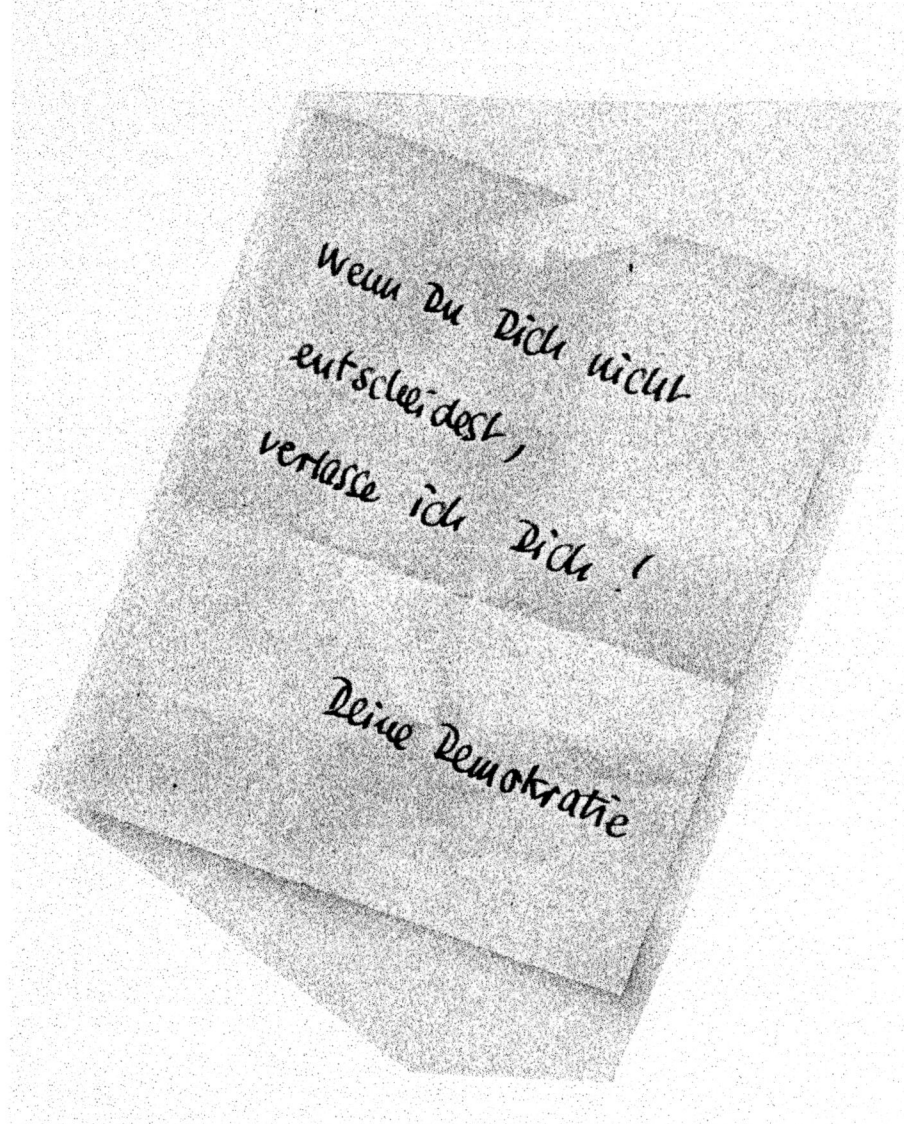

9.4. Materialien

9.4.1. Ausbildungshilfen

— Ausbildungsmappe zur Zentralen Dienstvorschrift ZDv 12/1 „Politische Bildung in der Bundeswehr", Teil I und II;
— Arbeitspapier 1/98 des Zentrums Innere Führung zum Thema „Wahlen";
— Hefter „Grundkurs Politik" — Sonderdruck für die Bundeswehr, Landeszentrale für politische Bildung Baden-Württemberg und Rheinland Pfalz;
— Broschüre „Rätselhafte Politik", Landeszentrale für politische Bildung Baden-Württemberg, Stuttgart 1993.

9.4.2. Spiele

Kybernetien - das Parlament entscheidet
„Kybernetien" ist ein Planspiel zur politischen Bildung, das auf ein ungewöhnliches Hilfsmittel zurückgreift, nämlich auf ein Gesellschaftsspiel mit Namen *Ökolopoly*. *
Ökolopoly ist ein einfaches Simulationsmodell von Frederic Vester, das in Form eines Gesellschaftsspiels vom Otto Maier Verlag, Ravensburg, zum Preis von ca. 50,– DM vertrieben wird. Das Spiel bietet die Möglichkeit, vernetztes Denken am Beispiel von ökologisch-ökonomischen Zusammenmängen einzuüben. Ein bunter, lebhaft gestalteter Spielplan zeigt ein typisches Industrieland mit Namen „Kybernetien". Auf diesem Spielplan sind acht Lebensbereiche durch Wirkungsbeziehungen miteinander verknüpft, die in Drehscheiben „versteckt" sind. Die einzelnen Bereiche sind: Sanierung, Produktion, Umweltbelastung, Aufklärung, Lebensqualität, Vermehrungsrate, Bevölkerung und Politik. Jedem dieser Bereiche sind verschiedene Unterbereiche zugeordnet, die ihrerseits wiederum Systeme darstellen.
Der Spieler, der eine nicht gerade rosige Ausgangssituation in Kybernetien vorfindet, kann die „Regierungsgeschäfte" in die Hand nehmen und durch Investition von Geld, Einfluß, Ideen, Gesetze, Arbeit usw. in Gebiete wie Produktion, Umweltschutz oder Erwachsenenbildung versuchen, den Lebensraum der „Kybernetianer" zu stabilisieren und die Lebensqualität zu erhöhen.

---

* Umweltspiel Ökolopoly, Ravensburger Spiele, Nr. 015443, Otto Maier Verlag. Ravensburg 1987.

Hinweis:

Im Teil I, Kapitel 6.5. der Ausbildungsmappe zur ZDv 12/1, die in der Bundeswehr bis auf Kompanieebene verteilt wurde, ist das Rollenspiel "Schönhausen – politisches Handeln in der Gemeinde" beschrieben, das auf dem Umweltspiel „Ökolopoly" basiert.

Kommstedt

Das Planspiel „Kommstedt" der Bundeszentrale für politische Bildung nähert sich der Thematik „Parlamentarismus" am Beispiel der Einführung der neuen Informations- und Kommunikationstechniken.

Ziel des Planspiels ist es,
– Handlungsspielräume von Bürgern in der parlamentarisch Demokratie kennenzulernen,
– Beteiligungs- und Einflußmöglichkeiten, die ein demokratischer Staat bietet, zu erproben und
– den Prozeß politischer Willensbildung durchschaubar zu machen.

Der zeitliche Aufwand für die Durchführung des Planspiels liegt bei etwa 20 Stunden.

Das Planspiel entspricht nicht nur durch seine Zielsetzung und das aktuelle Thema den Lerndispositionen junger Erwachsener in der heutigen Zeit, sondern vor allem dadurch, daß es als computergestütztes Planspiel den Umgang mit der neuen Informations- und Kommunikationstechnik ermöglicht. Die Hardwarevoraussetzungen, ein AT-kompatibler PC mit Prozessor Intel 80286 oder 80386 und einer Festplatte mit mindestens 10 MB freiem Speicherplatz sowie mindestens zwei weiteren Bildschirmarbeitsplätzen, werden aber nicht überall vorhanden sein.

Für diesen Fall, und für alle „Computerskeptiker", gibt es auch eine „Papierversion".

Wer sich für die „Papierversion" oder computergestützte Fassung des Planspiels interessiert und eventuell auch an einem Trainingsseminar hierzu teilnehmen möchte, wendet sich an die
Bundeszentrale für politische Bildung – Referat Neue Medien –,
Berliner Freiheit 7, 53111 Bonn, Fax: 02 08 / 51 51 13.

POL&IS – *Politik und Internationale Sicherheit*

Vom Mai bis September 1988 wurde das Simulationsspiel „Politik und Internationale Sicherheit (POL&IS)" unter Leitung des Zentrums Innere Führung bei Einrichtungen/Dienststellen von Marine, Luftwaffe und Heer auf seine Eignung als Ausbildungshilfsmittel für die politische Bildung der Bundeswehr getestet. Das Zentrum empfahl die Anschaffung, und so entschlossen sich die Führungsstäbe zum Ankauf des Spiels. Parallel beschaffte auch das Streitkräfteamt Spielsätze für die hauptamtlichen Jugendoffiziere. POL&IS ist eine interaktive Simulation, d.h. eine Synthese aus Rollenspiel und formalisierter, durch Regel- und Datensätze gesteuerter Simulation. Diese Simulation vereinigt das Handeln von Personen und ein Regelsystem in einem Modell. Sein Thema sind die internationalen Beziehungen in Politik, Wirtschaft und (militärischer) Sicherheit. Entwickelt wurde das Spiel von einer Forschungsgruppe (FOGS e. V.) an der Universität Erlangen.

Zusätzliche Informationen zum Thema bzw. zu Materialien und Methodik können beim Bereich „Politische Bildung" des Zentrums Innere Führung erfragt werden.

Adresse:
Zentrum Innere Führung
– Bereich Politische Bildung –
Von-Witzleben-Straße 17
56076 Koblenz
Tel.:   02 61 / 7 80 - 25 44 (Post)
*   44 22 - 25 44 (Bw-Netz)*
Fax: 02 61 / 7 80 - 21 85.

Wege des Lebens

Ein Würfelspiel zum Thema: „Lebenswege – Lebenssinn"

Spielregeln:

1. Die Klasse teilt sich in Kleingruppen von jeweils 2 bis 4 Personen auf.
2. Jede Gruppe benötigt einen Spielplan, einen Würfel, pro Person je vier gleichfarbige Spielfiguren und 150 000 Mark Spielgeld. (Spielgeld erhält man - teilweise kostenlos – bei Banken und Sparkassen. Sollte keines verfügbar sein, führt jeder Spieler Buch über seine Einnahmen und Ausgaben.)
3. Jeder Spieler erhält eine Spielfigur. Einer übernimmt zusätzlich die Bank.
4. Man würfelt mit dem Würfel reihum. Wer eine 1 hat, setzt seine Figur auf das Feld „Geburt" und beginnt. Die anderen Spieler folgen, sobald sie ebenfalls eine 1 gewürfelt haben.
5. Man zieht soviele Felder, wie man Augen gewürfelt hat. Wer eine 6 hat, würfelt *nicht* noch einmal. Die Figuren dürfen nur vorwärts bewegt werden.
6. Die Anweisungen auf dem jeweils erreichten Feld sind genau zu beachten.
7. Die Anweisungen auf einigen Feldern gelten nur für bestimmte Spieler. So muß beispielsweise nur derjenige, der im Spiel Kinder hat, die Anweisungen auf den Feldern mit der Überschrift „Achtung Eltern!" befolgen.
8. Auf den „Stop"-Feldern muß jeder Spieler anhalten, auch dann, wenn der Würfel mehr Augen zeigt, als zum Erreichen des „Stop"-Feldes erforderlich wären.
9. Auf den Feldern „Hochzeit" und „Kinderwunsch" kann jeder Spieler bis zu drei weitere Figuren bekommen. Die Figuren werden gemeinsam fortbewegt.
10. Jeder Spieler, der ein Feld mit der Aufschrift „Zahltag" erreicht oder überquert, erhält seine Bezüge.
11. Das Spiel ist beendet, wenn alle Spieler das letzte Feld erreicht haben. Anschließend zählt jeder sein Geld.

(Die folgende Tabelle ist ein Spielplan zum „Lebensspiel". Die Einträge sind im Original hochkant gedruckt und spaltenweise angeordnet; sie werden hier spaltenweise wiedergegeben.)

Spalte 1

- Geburt: + 3000 M Startkapital
- Taufe: + 1000 M
- Geburt einer Schwester: nochmals würfeln
- Bild gemalt
- Besuch des Kindergartens: 1 x aussetzen
- „Vater, Mutter, Kind" gespielt
- Einschulung: + 100 M Taschengeld
- Eigenes Zimmer: – 300 M
- Erstes Buch gelesen
- Fahrrad selbständig repariert
- Tournee mit dem Kinderchor: + 500 M
- Ferien im Zeltlager
- Schulwechsel: + 200 M Taschengeld
- Gitarrenunterricht
- Job als Zeitungsträger: + 500 M

Spalte 2

- Zahltag
- Eigene Wohnung: – 1500 M
- Anstellung: ab jetzt + 2000 M an jedem Zahltag einziehen
- Stop! Abschlußprüfung: nochmals würfeln! 1–3: vorrücken auf ‚Anstellung' 4–6: nächste Runde nochmals versuchen
- Lob für gute Arbeit
- Freund/-in: 1 x aussetzen
- Häufiger Disko-Besuch: – 100 M
- Beginn Lehre: + 1000 M
- Stop! Lehrstellensuche: nochmals würfeln! 1–3: vorrücken auf ‚Beginn Lehre' 4–6: nächste Runde nochmals versuchen
- Liebeskummer: nochmals aussetzen
- Prämie für Verbesserungsvorschlag im Betrieb: + 500 M
- Stop! Kinderwunsch: nochmals würfeln! 1–3: Spielfigur dazunehmen 4–6: weiterspielen wie bisher
- Häufig mit Freunden im Jugendzentrum
- Ärger mit den Eltern wegen „Aufsässigkeit"

Spalte 3

- Überstunden: + 500 M
- Sänger in einer Musik-Gruppe
- Anschaffung eines Autos: – 4000 M
- Auseinandersetzung mit dem Chef: nochmals würfeln
- Zahltag
- Achtung Eheleute! Hochzeit: 1–3: vorrücken auf ‚Hochzeit' 4–6: weiterspielen wie bisher
- Hochzeit: 1. Spielfigur dazunehmen 2. aussetzen
- Zahltag
- Wohnung neu eingerichtet: – 3000 M
- Sportverletzung: nochmals würfeln
- Zahltag
- Stop! Kinderwunsch: nochmals würfeln! 1–3: Spielfigur dazunehmen 4–6: weiterspielen wie bisher
- Achtung Eltern! Kind erkrankt: nochmals würfeln
- Eintritt in Sportverein: 1 x aussetzen

Spalte 4

- Achtung Selbständige! Großauftrag: + 10 000 M
- Achtung Eltern! Fahrradtour mit Kind/ern: 1 x aussetzen
- Achtung Eltern! 1 x aussetzen
- Zahltag
- Achtung Eheleute! Partner arbeitet mit: ab jetzt + 1000 M mehr an jedem Zahltag
- Achtung Eheleute! 1 x aussetzen
- Selbständigkeit: 1. – 10 000 M für Einrichtung des Betriebes 2. ab jetzt + 5000 M an jedem Zahltag einziehen
- Achtung Eltern! Kind/er gehen aus dem Haus: 1. Spielfigur/en abgeben 2. nochmals würfeln
- Zahltag
- Teilnahme an Fachkongreß

Spalte 5

- Hausbau: 1. – 300 M und 2. 3 x nur ½ Bezüge am Zahltag einziehen
- Achtung Angestellte! Beförderung: ab jetzt + 600 M mehr an jedem Zahltag einziehen
- Vater stirbt: nochmals würfeln und Zahltag einziehen
- Theaterabonnement: 1 x aussetzen
- Achtung Eltern! Einschulung des Kindes: – 100 M Taschengeld pro Kind
- Achtung Selbständige! Konkurs: 1. Geld abgeben (Schulden müssen weiter abgezahlt werden.) 2. ab jetzt Bezüge wie vor der Selbständigkeit
- Mitarbeit im Naturschutzverein: 1 x aussetzen
- Zahltag
- Achtung Eheleute! Konkurs: 1. Geld abgeben (Spielfigur abgeben) 2. nochmals würfeln
- Mutter stirbt: 1. + 5000 M Erbschaft 2. nochmals würfeln
- Brille erforderlich: – 500 M
- Ehrenvorsitzender des Sportvereins: – 500 M Spende
- Kuraufenthalt: 1 x aussetzen
- Achtung Angestellte! 1 x aussetzen

Spalte 6

- Tod
- Achtung Eltern! Besuch von Kind/ern: 1 x aussetzen
- Krankenhausaufenthalt: Trennung von Partner (Spielfigur abgeben)
- Urlaub: 1 x aussetzen
- Einsame Spaziergänge / Abende vor dem Fernsehgerät
- Unterbringung im Altersheim: Geld abgeben
- Zahltag
- Mitarbeit im Naturschutzverein: 1 x aussetzen
- Zahltag
- Stop! Ruhestand: 1. Trennung von Kind/ern (Spielfigur/en abgeben) 2. ab jetzt ½ Bezüge an jedem Zahltag
- Achtung Angestellte! Ehrung für lange Betriebszugehörigkeit: + 500 M
- Zahltag

„Aktivbürger"

Ein Entscheidungsspiel zum Thema „Wie können wir Einfluß nehmen?"

Aufgabe:

1. In der Tabelle finden Sie 19 Möglichkeiten politischer Mitwirkung.
2. Lesen Sie die Liste durch und bewerten Sie zunächst alleine die verschiedenen Möglichkeiten nach deren Effektivität.
3. Bringen Sie die Möglichkeiten in eine Rangfolge (Nr. 1 bis 19).
4. Diskutieren Sie Ihr Ergebnis in der Gruppe mit dem Ziel, eine gemeinsame Entscheidung bezüglich der Reihenfolge herbeizuführen.
5. Halten Sie das „Gruppenergebnis" in der dafür vorgesehenen Spalte fest.
6. Ermitteln Sie die Differenz zwischen der „Einzel"- und „Gruppenentscheidung", und versuchen Sie im Gespräch die Gründe für auffällig große Abweichungen zu klären.

Zeitansatz: ca. 60 Minuten

Jeder Einzelne sollte 10 Minuten Zeit für die persönliche Reihung erhalten. Für die Diskussion in der Gruppe sind ca. 30 Minuten, für den Vortrag der Ergebnisse und die Aussprache im Plenum etwa 20 Minuten anzusetzen.

Möglichkeiten politischer Mitwirkung	Einzeln	Gruppe	Differenz
1. täglich die Tagesschau im Fernsehen verfolgen			
2. gegen eine politische Äußerung beim Fernsehen durch einen Anruf protestieren			
3. an einer Demonstration teilnehmen			
4. als Sprecher einer Bürgerinitiative auftreten			
5. an Wahlen teilnehmen			
6. für ein politisches Amt kandidieren			
7. in einer politischen Versammlung das Wort ergreifen			
8. in einer Partei eintreten			
9. eine Bürgerinitiative gründen			
10. einen Leserbrief an die Zeitung schreiben			
11. an Gemeindeversammlungen teilnehmen			
12. seinen Abgeordneten in der Sprechstunde aufsuchen			
13. im Betriebs-/Personalrat tätig sein			
14. eine Partei durch Spenden unterstützen			
15. als Elternbeirat fungieren			
16. an einer Podiumsdiskussion aktiv teilnehmen			
17. Gemeinderat sein			
18. den Petitionsausschuß (Land/Bund) einschalten			
19. Seminare zur politischen Bilung besuchen			

Bleistiftspiel

Das Bleistiftspiel ist eine Übung, die planspielähnliche Strukturen aufweist. Das Spiel soll den Teilnehmern die Gelegenheit geben, einmal „am eigenen Leibe" die Problematik von Verhandlungen und Einigungsprozessen zu erfahren. Es kann zu Beginn von Veranstaltungen als „Warming-Up-Spiel", während einer Unterrichtsveranstaltung als „Gelenk" bei Themenwechsel, aber auch zum Abschluß einer Unterrichtseinheit durchgeführt werden.

Die **Durchführung** der Übung ist denkbar einfach. Zunächst werden drei Gruppen (Gruppengröße 3 bis 8 Personen) gebildet. Die erste Gruppe erhält einen oder mehrere *Bleistifte*, deren Spitze abgebrochen ist. Die zweite Gruppe erhält einen *Bleistiftanspitzer* und die dritte Gruppe viele kleine *Zettel* (zwischen 20 und 30) unbeschriebenes Papier. Aufgabe der Gruppen ist es, Strate-gien zu entwickeln und anzuwenden, um möglichst viele Papierblätter mit einer Bleistiftmarkierung zu erwerben. Benutzt werden dürfen natürlich nur die in der Menge begrenzt ausgegebenen Materialien. Um diese Aufgabe zu lösen, muß jede Gruppe 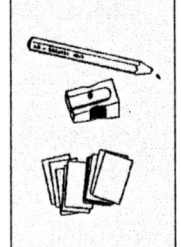 sich zunächst intern auf eine gemeinsame Vorgehensweise einigen, bevor sie mit den anderen in Verhandlungen treten kann.

Damit es nicht zu einem endlosen Verhandeln kommt, ist es sinnvoll, ein genaues Zeitlimit zu vereinbaren. Die Praxis hat gezeigt, daß für die Beratungsphase ca. 10 bis 15 Minuten, für die Verhandlungsphase ca. 15 bis 20 Minuten und für die Vorstellung und Besprechung der Lösung bzw. der Ergebnisse ca. 10 Minuten benötigt werden.

Die **Inhalte**, die mit diesem Spiel verbunden werden können, sind zahlreich, so z.B.:

- Darstellen von Interessenkonflikten und der Problematik von Einigungsprozessen (Europäische Union, OSZE, Jugoslawienkonflikt usw.).
- Aufzeigen der Bedeutung von vertrauens- und sicherheitsbildenden Maßnahmen bei multilateralen Verhandlungen.
- Verdeutlichen der gegenseitigen Abhängigkeiten im Welthandel (Bleistift symbolisiert Rohstoffe, Spitzer symbolisiert die Industrie, Maschinen oder technisches Know-how und das Papier symbolisiert Geld) u.a.m.

Fischereispiel

Sinn des Spiels ist es, den Teilnehmern einen durch Natur vorgegebenen und gesellschaftliche Sozialisation erlernten Grundzug des modernen Normalmenschen vor Augen zu führen, den Egoismus und das Streben nach „mehr".

Ausgangslage:
Einteilung der Teilnehmer in drei Gruppen.
Diese bilden die Besatzungen von drei Fischerbooten an einem See. Alle leben von den Erträgen des Fischfanges.
Im See existiert eine bestimmte Menge Fisch (200 Tonnen).
Jedes Boot darf pro Fangjahr eine Menge von 0-25 % aus dem See fischen.
Die Anzahl der Fangjahre (Spielrunden) bleibt offen.
Als Spielziel wird den Teilnehmern angegeben: *Möglichst viele Fische fangen können!*
Nicht: jedes Boot hat die Aufgabe am meisten Fische zu fangen.
Diese Interpretation kommt aber fast immer automatisch durch die Teilnehmer. Die Gruppen werden nun räumlich getrennt, mit dem Auftrag,
1. bestimmen eines Kapitäns
2. Namen für das Boot (Spaß)
3. innerhalb von 10 Minuten die Fangquote (in ganzen %) für das erste Fangjahr
festzulegen und der Spielleitung mitzuteilen. Am besten durch den Kapitän.
Die Spielleitung errechnet anhand der Wachstumstabelle, wieviel Tonnen Fisch für die zweite Fangzeit im See noch zur Verfügung steht und teilt dies den Kapitänen mit. Diese haben nun jedesmal 5 Minuten Zeit, sich mit ihrer Besatzung über die Fangquote zu einigen und diese wieder der Spielleitung mitzuteilen.
Immer wieder den Hinweis geben, daß die jeweiligen Bootsmitglieder nur vom Fischfang aus dem See ihren Lebensunterhalt bestreiten können.
In den ersten drei Runden dürfen die Boote zu einander keinen Kontakt aufnehmen. Die Ergebnisse und jeweiligen Fangquoten der einzelnen Boote sind auf dem Proki oder der Tafel für die anderen Kapitäne gut sichtbar anzuzeigen.
Normalerweise stürzt der Fischbestand sehr schnell in den Keller, dann kommt die Phase der Erkenntnis, dann erholt sich der See ganz langsam.

Ist diese Phase erreicht (wahrscheinlich nach etwa sieben Runden), gibt die Spielleitung ohne weiteren Kommentar die letzte Runde bekannt. Oft passiert es dann, daß sich ein Boot zum „Nach-mir-die-Sintflut" entschließt und noch einmal voll zuschlägt.

Die optimale Fangquote liegt bei ca. 4 %. Bei dieser Quote erreicht der Gesamtertrag durch die schnell anwachsende Fischmenge nach etwa 4 Jahren ungeahnte Höhen.

Benötigt wird unbedingt ein Taschenrechner.

Rechentabelle:

Fischmenge in Tonnen	Wachstumsrate der Fischpopulation
400 – 201	35 %
200 – 110	29 %
109 – 90	22 %
89 – 60	18 %
59 – 20	15 %
19 – 0	10 %

Diese Tabelle resultiert übrigens aus den Erfahrungen an einem realen deutschen See in Bayern.

Rechenbeispiel:
Boot 1 20 %, Boot 2 18 %, Boot 3 20 %
= 40 t   = 36 t   = 40 t   gesamt: 116 t, Rest im See: 84 t
gemäß Wachstumstabelle wachsen für die nächste Fangzeit davon 18 % zu
(18 % von den 84 t Restfisch) = 15,12 t.
Diese werden auf- oder abgerundet und zum Rest dazu addiert. Dies ergibt die Fischmenge, die in der neuen Fangzeit zur Verfügung steht (= 99 t).

Auswertung:
Darlegen anhand der Zahlen, wie der Ablauf war.
Die einzelnen Boote erklären lassen, warum sie so oder so gehandelt haben.

Das Inselspiel
Ein Kommunikations- und Rollenspiel

Spielidee: OLt Jörg Meyer-Ricks, HFlgRgt 10 Faßberg
Spielstruktur: OLt Andreas Sedlag, TSLw 3 Faßberg

Klare Spielregeln gibt es für dieses Spiel nicht, da es von den Spielern und dem Spielleiter vollständig interaktiv ausgestaltet werden sollte! Daher kann dieses „Konzept" lediglich als Anhalt dienen.

Teilnehmer: ca. 15 - 30 Personen
Material: ein Raum (z.B. Hörsaal, Klassenzimmer etc.)
Spieldauer: 45 - 60 Minuten
Leitung: ein eingewiesener Spielleiter, der möglichst wenig „aktiven Einfluß" nehmen sollte

Als Ziel des Spiels sollte verstanden werden, eine durch ein Unglück hervorgerufene Lebenssituation, bzw. Notsituation zu meistern.

Spieleinführung durch den Spielleiter:
Ausgangssituation ist ein Schiffsunglück! Ihre Gruppe überlebt in einem Rettungsboot mit einer Notration für drei Tage. Sie erreichen gegen Mittag ohne Karte und ohne Kompaß eine völlig unbekannte Insel. Nun beginnt die Arbeit der Gruppe, denn sie muß sich selber organisieren …

Der Spielleiter sollte sich nun für einige Minuten (je nach Spielgruppe) zurückhalten und schweigen.

1. Spielsituation: Wer ergreift die Initiative?
                     Wie gestaltet man die Selbstorganisation?
                     Gibt es einen Wortführer?
                     Wer wird der Anführer, die Anführer?
                     Wie sollen die Anführer ermittelt werden?
                     Nach welchem System werden Entscheidungen gefällt?
1. Gruppenarbeit: Organisation der „sogenannten Regierung" sowie Besetzung der einzelnen Positionen!

Der Spielleiter sollte nur im Hintergrund auftreten und Anregungen geben!

2. Spielsituation: Was muß in welcher Reihenfolge organisiert werden?
2. Gruppenarbeit: Aufstellung der Punkte und der Reihenfolge!

*Der Spielleiter faßt die wichtigsten Details und Anforderungen wenn möglich für
alle sichtbar zusammen (evtl. auf einer Wandtafel).*

3. Spielsituation: Wer macht was?

3. Gruppenarbeit: Einteilung der Arbeit!

*Der Spielleiter achtet hierbei besonders auf das Verhalten der einzelnen Spieler
sowie das Einhalten der unter Punkt 1. festgelegten Modalitäten (z.B. demokra-
tisches Verhalten, Unterstellungsverhältnisse ...)*

4. Spielsituation: Es wird dämmrig und aus der Ferne ertönen Buschtrom-
                     meln!

4. Gruppenarbeit: Bewältigung dieser neuen Situation?

Der Spielleiter greift nur unter Umständen ein, evtl. mit Fragen wie:

• Ist das Buschtrommeln friedlich?
• Will die Gruppe die Insel erkunden?
• Wer soll die Insel erkunden?
• Was nehmen die Kundschafter mit (Bewaffnung)?
• Wie reagieren die Kundschafter bei der Begegnung mit dem Inselvolk?

Auswertung des Spiels:

Die Auswertung des Spiels ergibt sich ganz individuell, ist aber umso wichtiger!
Ein Hauptaugenmerk liegt hierbei auf der Erkundungssituation, denn hierbei
fällt die Entscheidung, ob Bewaffnung mitgeführt werden soll oder nicht.
Wenn sich die Gruppe – wie in den meisten Fällen – für Bewaffnung entscheidet, steht zur Disposition, für welche Art von Waffen sich die Gruppe entschließt und ob man sie offen oder verdeckt tragen sollte.
Es schließt sich die Frage an, ob Waffen grundsätzlich dem Angriff dienen und
etwas „Unrechtmäßiges" darstellen oder ob Waffen, die ausschließlich zu Ver-
teidigungszwecken (evtl. gegen wilde Tiere) dienen sollen, eine gewisse „Recht-
mäßigkeit" erhalten!
Neben vielen anderen Dingen erfährt die Gruppe auch die Problematik der
Regierungsorganisation, der Wahlmodalitäten und der „Anführerfrage".

Anmerkung:

Inhalte und Reihenfolgen der einzelnen Spielsituationen können sich im
Spielverlauf völlig anders gestalten.

Es liegt alleine am Spielleiter, wie sich dieses Spiel entwickelt!

9.4.3. Video / Filme:

VHS – Video-Cassette (bis auf Kompanieebene verteilt):

„info-forum" 4/97 zum Thema „Individualität und Gemeinsinn", Herausgeber: Streitkräfteamt, Informations- und Medienzentrale der Bundeswehr (bis auf Kompanie-Ebene verteilt!)

Filme zum Thema: Extremismus und Gewalt

Extremismus:
– Fremd-Verkehr		
Vom Mut zum Widerstand gegen Rechtsextremismus	1989	15'
– Die Welle	1981	43'
– Nicht mit uns – Gemeinsam gegen Neonazis	1989	24'

Gewalt:
– Abraham – Ein Versuch	1970	48'
– Die Grausamkeit der Bilder	1988	22'
– Das Messer	1974	14'
– Der Tod der Ratte	1973	6'
– Initiativen: Gegen Gewalt	1992	15'

Alle Filme können über die Landesfilmstellen ausgeliehen werden. (Adressen: siehe ZDv 12/1!)

9.4.4. CUA-Programme:

Z. B. „Stabsunteroffizier Sommer engagiert sich", RegNr: 3 001 0001 60401, DSK: H 123 7520 560, Herausgeber: Heeresamt, Abteilung II.

10. Anschriftenverzeichnis

10.1. Bundeszentrale / Landeszentralen für politische Bildung

Bundeszentrale für politische Bildung Berliner Freiheit 7 53111 Bonn Telefon: 0228 / 5150 Fax : 0228 / 515113

Landeszentrale für politische Bildung Baden-Württemberg Stafflenbergstraße 38 70184 Stuttgart

Bayrische Landeszentrale für politische Bildungsarbeit Brienner Straße 41 80333 München

Landeszentrale für politische Bildung Berlin Hauptstraße 98-99, Rathaus 10827 Berlin

Staatskanzlei des Landes Brandenburg Landeszentrale für politische Bildung Heinrich-Mann-Allee 107 14473 Potsdam

Landeszentrale für politische BildungBremen Osterdeich 6 28203 Bremen

Landeszentrale für politische Bildung Hamburg Große Bleichen 23 20354 Hamburg

Hessische Landeszentrale für politische Bildung Rheinbahnstraße 2 65185 Wiesbaden

Landeszentrale für politische Bildung des Landes Mecklenburg-Vorpommern Schloßstraße 2-4 19053 Schwerin

Niedersächsische Landeszentrale für politische Bildung Hohenzollernstraße 46 30161 Hannover

Landeszentrale für politische Bildung Nordrhein-Westfalen Neanderstraße 6 40233 Düsseldorf

Landeszentrale für politische Bildung Rheinland-Pfalz Am Kronberger Hof 6 55116 Mainz

Landesinstitut für Pädagogik und Medien Landeszentrale für politische Bildung Beethovenstraße 26 66125 Dudweiler

Sächsische Landeszentrale für politische Bildung Schützenhofstraße 36-38 01129 Dresden-Wilder Mann

Landeszentrale für politische Bildung des Landes Sachsen-Anhalt Schleinufer 12 39104 Magdeburg

Landeszentrale für politische Bildung Schleswig-Holstein Hohenbergstraße 4 24105 Kiel

Landeszentrale für politische Bildung des Landes Thüringen Bergstraße 4 99092 Erfurt

10.2. Weitere Institutionen

Arbeitskreis deutscher
Bildungsstätten e.V.
Haager Weg 44
53127 Bonn
Telefon: 0228 / 910280
Fax: 0228 / 299030

Kommission der Europäischen Gemeinschaften
Vertretung in der Bundesrepublik Deutschland
Zitelmannstraße 22
53113 Bonn
Telefon: 02 28 / 53 00 90
Fax: 02 28 / 53 00 913

Deutsche Gesellschaft für die
Vereinten Nationen
Poppelsdorfer Allee 55
53115 Bonn
Telefon: 02 28 / 21 36 46
Fax: 02 28 / 21 74 92

Bundeszentrale für gesundheitliche Aufklärung
Postfach 91 01 52
51071 Köln
Telefon: 02 21 / 89 92-1
Fax: 02 21 / 89 92-300

Europäisches Parlament
Informationsbüro für
Deutschland
Bonn-Center
53113 Bonn
Telefon: 02 28 / 22 30 91
Fax: 02 28 / 21 89 55

Umweltbundesamt
Postfach 33 00 22
14191 Berlin
Telefon: 0 30 / 89 03-0
Fax: 0 30 / 89 03 22 85

10.3. Ansprechstellen der Bundeswehr

10.3.1. Zentrum Innere Führung

Zentrum Innere Führung
– Bereich Politische Bildung –
Von-Witzleben-Straße 17
56076 Koblenz
Tel.: 02 61 / 7 80 - 25 44 (Post)
*   44 22 - 25 44 (Bw-Netz)*
Fax: 02 61 / 7 80 - 21 85

Das Zentrum Innere Führung ist eine Weiterbildungsakademie der Bundeswehr. Neue Didaktik und neue Lehrthemen, aktuelle Diskussionsstoffe und Problembereiche werden gemeinsam untersucht, nicht nur am Zentrum, sondern auch bei Gastvorträgen seiner Dozenten in der Truppe. Militärische Schulen und Ämter, Stäbe und Verbände profitieren von der Weiterbildung. Umgekehrt braucht das Zentrum aber auch das Feedback aus der Truppe für seine Arbeit.
Verständnis und Fortentwicklung der Inneren Führung ergeben sich aus der

täglichen Führungspraxis. Daher führt das Zentrum Innere Führung einen ständigen Dialog mit Vorgesetzten aller Führungsebenen – vom General bis zum Unteroffizier, aber auch mit ausgewählten Experten. Innere Führung wird nicht für Vorgesetzte unterrichtet, sondern mit ihnen als Anwender der Inneren Führung weiterentwickelt. In Seminaren am Zentrum Innere Führung wird dabei auch Bewährtes kritisch hinterfragt, neue Entwicklungen werden auf ihre Bedeutung für die Bundeswehr geprüft und erste Lösungsansätze gemeinsam aus der Praxis für die Praxis entwickelt und vorgeschlagen.

10.3.2. Jugendoffiziere

Für das Gebiet der Bundesrepublik Deutschland stehen insgesamt 94 hauptamtliche Jugendoffiziere zur Verfügung. Aufgrund ihrer Ausbildung und der Ausstattung mit Informationsmaterial sind sie meist der wichtigste Ansprechpartner für alle in Sachinformationen zu Sicherheitspolitik und Bundeswehr Interessierte.

Jugendoffiziere arbeiten vorrangig mit Schülern und Pädagogen zusammen. Aber auch andere Gruppierungen organisierter, politischer oder kirchlicher Jugendverbände und freie Träger der Jugendarbeit sowie Multiplikatoren sind willkommene Ansprechpartner für die Jugendoffiziere.

Jugendoffiziere stehen für den Schulunterricht – und hier besonders im Sozialkundeunterricht – zur Verfügung. Sie sind Experten zu Fragen der Friedenserziehung, der Sicherheits- und Verteidigungspolitik, der Bundeswehr und der allgemeinen Wehrpflicht. Rahmenrichtlinien und Runderlasse der einzelnen Bundesländer regeln diesen „Experten-Zugang".

Baden-Württemberg

Wehrbereichskommando V/
10. Panzerdivision
– Jugendoffiziere –
Binger Straße 128
72488 Sigmaringen
Tel: 0 75 71/76-(0), -11 34
Fax: 0 75 71/76-11 38

Jugendoffizier beim
Verteidigungsbezirks-
kommando 51
Nürnberger Straße 184
70374 Stuttgart
Tel: 07 11/521-(0), -226,
-227
Fax: 07 11/521-14 81

Jugendoffizier beim
Verteidigungsbezirks-
kommando 52
Rintheimer Querallee 2
76131 Karlsruhe
Tel: 07 21/60 78 34-219
Fax: 07 21/6 03 01-352

Jugendoffizier beim
Verteidigungsbezirks-
kommando 53
Kartäuserstraße 120
79104 Freiburg
Tel: 07 61/31 94-(0), -430,
-431
Fax: 07 61/31 94-420

Jugendoffizier beim
Sanitätsregiment 10
Bildchingersteige 62
72160 Horb
Tel: 0 74 51/533-(0), -380
Fax: 0 74 51/533-(0), -380

Kommando
1. Luftwaffendivision
– Jugendoffizier –
Rintheimer Querallee 11
76131 Karlsruhe
Tel: 07 21/692-(0), 11 28
Fax: 07 21/692-11 99

Jugendoffizier beim II. Korps
Stuttgarter Straße 199
89081 Ulm
Tel: 07 31/169-393
Fax: 07 31/169-392

Jugendoffizier beim
Artillerieregiment 12
Kasernenstraße 30
97941 Tauberbischofsheim
Tel: 0 93 41/948-228
Fax: 0 93 41/948-239

Freistaat Bayern

Wehrbereichskommando
VI/1. Gebirgsdivision
– Jugendoffiziere –
Heidemannstraße 50
80939 München
Tel: 089/31 68-(0), -36 96,
-36 91
Fax: 089/31 68; 37 20

Jugendoffizier bei der
Gebirgsjägerbrigade 23
Nonner Straße 25
83435 Bad Reichenhall
Tel: 0 86 51/792-128
Fax: 0 86 51/792-342

Jugendoffizier beim
Verteidigungsbezirks-
kommando 61
Sternschanzenstraße
86607 Donauwörth
Tel: 09 06/2 86 47, -270
Fax: 09 06/40 77

Jugendoffizier bei der Luft-
lande-/Lufttransportschule
Burglachbergstraße 30
86972 Altenstadt
Tel: 0 88 61/932-438
Fax: 0 88 61/932-550

Jugendoffizier für Nürnberg
Allersberger Straße 190
90461 Nürnberg
Tel: 09 11/43 96-227
Fax: 09 11/43 96-219

Jugendoffizier beim
Verteidigungsbezirks-
kommando 62
Bajuwarenstraße 1
93053 Regensburg
Tel: 09 41/78 31-41 11
Fax: 09 41/78 31-40 09

Jugendoffizier beim
Verteidigungsbezirks-
kommando 63
Welserstraße 14
91522 Ansbach
Tel: 09 81/50 87-(0), -247
Fax: 09 81/50 87-246

Jugendoffizier beim
Verteidigungsbezirks-
kommando 66
Niedermayerstraße 81-105
84036 Landshut
Tel: 08 71/95 14 98
Fax: 08 71/5 10 11-302

Jugendoffizier beim
Verteidigungsbezirks-
kommando 67
Chr.-Ritter-von-Popp-
Straße 1
95412 Bayreuth
Tel: 09 21/99 01-(0), -477
Fax: 09 21/99 01-476

Jugendoffiziere bei der
Panzerbrigade 36
Oberdürrbacher Straße
97209 Veitshöchheim
Tel: 09 31/97 07-(0), -214,
-255
Fax: 09 31/9 52 44

Berlin

Informations- und Presse-
stelle der Bundeswehr Berlin
– Jugendoffiziere –
Otto-Braun-Straße 25
10178 Berlin
Tel: 030/2 43 94-239, -247
Fax: 030/2 43 94-303

Kommando
3. Luftwaffendivision
– Jugendoffizier –
Kladower Damm 182
14089 Berlin-Gatow
Tel: 030/3687-3221
Fax: 030/3687-3125

Brandenburg

Jugendoffizier bei der
Panzerbrigade 42
Kaiser-Friedrich-Straße
49-61
14469 Potsdam
Tel: 03 31/50 02 22
Fax: 03 31/50 02 22

Jugendoffizier beim
Verteidigungsbezirks-
kommando 83
Karl-Liebknecht-Straße 36
03046 Cottbus
Tel: 03 55/79 72 41
Fax: 03 55/79 47 31

Jugendoffizier beim Vertei-
digungsbezirkkommando 85
Fürstenwalderpoststraße 85
15230 Frankfurt/Oder
Tel: 03 35/43 34-(0)-317
Fax: 03 35/43 34-366

Jugendoffizier bei der
Logistikbrigade 4
Hennickendorfer Chaussee
15344 Strausberg
Tel: 03 34 1/53-(0)
Fax: 03 34 1/58-45 95

Hansestadt Bremen

Jugendoffizier beim
Verteidigungsbezirks-
kommando 20
Niedersachsendamm 67-69
28201 Bremen
Tel: 04 21/87 50 11, -237
Fax: 04 21/87 50 15

Hansestadt Hamburg

Jugendoffiziere beim
Verteidigungsbezirks-
kommando 10
Sophienterasse 14
20149 Hamburg
Tel: 040/41 50-382. -385
Fax: 040/41 50 288

Hessen

Jugendoffizier beim
Verteidigungsbezirks-
kommando 44
Eugen-Richter-Straße 11
34134 Kassel
Tel: 05 61/319-23 15
Fax: 05 61/319-2364

Jugendoffizier beim
Verteidigungsbezirks-
kommando 47
An der Kaserne 8
35394 Gießen
Tel: 06 41/941-21 10
Fax: 06 41/941-20 37

Jugendoffiziere für Frankfurt
Mergenthaler Allee 14-24
65760 Eschborn
Tel: 0 61 96/491-202
Fax: 0 61 96/491-203

Mecklenburg-Vorpommern

Jugendoffizier beim
Verteidigungsbezirks-
kommando 86
Walther-Rathenau-Straße 2
19055 Schwerin
Tel: 03 85/511-31 08
Fax: 03 85/511-31 06

Jugendoffizier beim
Verteidigungsbezirks-
kommando 87
Am Hang 35
17033 Neubrandenburg
Tel: 03 95/372-(0), -21 46,
-21 42
Fax: 03 95/372-21 48

Marineamt
– Jugendoffizier –
Kopernikusstraße 1
18057 Rostock
Tel: 03 81/862-32 73
Fax:03 81/862-32 77

Niedersachsen

Wehrbereichskommando II/
1. Panzerdivision
– Jugendoffiziere –
Hans-Böckler-Allee 18
30173 Hannover
Tel: 05 11/284-21 58,
-21 62
Fax: 05 11/284-21 65

Jugendoffizier beim
Verteidigungsbezirks-
kommando 23
Braunschweiger Straße 1
38126 Braunschweig
Tel: 05 31/27 15-341
Fax: 05 31/27 15-344

Jugendoffizier beim
Verteidigungsbezirks-
kommando 25
Bleckeder Landstraße 59
21377 Lüneburg
Tel: 0 41 31/80-(1), -71 60,
-71 61
Fax: 0 41 31/ 80 73 19

Jugendoffizier bei der
Logistikbrigade 1
Gelgöskenstraße 61
49808 Lingen
Tel: 05 91/40 61-22 02
Fax: 05 9140 61 22 37

Kommando
4.Luftwaffendivision
–Jugendoffizier –
Skagerrakstraße 10 C
26603 Aurich
Tel: 0 49 41/90-(0), -41 22
Fax: 0 49 41/90-41 29

Marineunterstützungs-
kommando
– Jugendofizier –
Schellingstraße 19
26384 Wilhelmshaven
Tel: 0 44 21/49-(1), -32 66
Fax: 0 44 21/30 54 02

Nordrhein-Westfalen

Streitkräfteamt
– Jugendoffizier –
Alte Heer Straße 90
53757 St. Augustin
Tel: 0 22 41/15-20 12
Fax: 0 22 41/15-29 60

Wehrbereichskommando
III/7.Panzerdivision
– Jugendoffizier –
Lenaustraße 29
40470 Düsseldorf
Tel: 02 11/619-(1), -24 66,
-26 49
Fax: 02 11/619 26 40

Jugendoffizier bei der
Pionierbrigade 30
Elberfelder Straße 2
40724 Hilden
Tel: 0 21 03/2 15 33
Fax: 0 21 03/2 10 30

Jugendoffizier beim
Verteidigungsbezirks-
kommando 34
Hansastraße 17
59821 Arnsberg
Tel: 0 29 31/897-222
Fax: 0 29 31/897-209

Jugendoffizier beim
Verteidigungsbezirks-
kommando 35
Generalfeldmarschal-
Rommel-Kaserne
32832 Augustdorf
Tel: 0 52 37/91-(1), -23 25
Fax: 0 52 37/91-23 18

Jugendoffizier beim
Artellerieregiment 7
Bernhardt-Letterhaus-
Straße 20
48249 Dülmen
Tel: 0 25 94/94 95 23
Fax: 0 25 94/94 85 84

Jugendoffizier beim
Logistikregiment 7
Kamer Straße 91-93
59425 Unna
Tel: 0 23 03/9 64-55 41
Fax: 0 23 03/9 64-55 42

Jugendoffizier beim I.D/
NL Korps
Hindenburgplatz 71
48143 Münster
Tel: 02 51/506-(0),-23 85,
-25 98
Fax: 02 51/4 52 70

Lufttransportkommando
– Jugendoffizier –
Manfred-von-Richthofen-
Straße 8
48145 Münster
Tel: 02 51/9 36-22 54
Fax: 02 51/3 56 51

Jugendoffizier beim
Heeresamt
Brühler Straße 300
50968 Köln
Tel: 02 21/93 71-24 23
Fax: 02 21/93 71-24 24

Presse und Informationszen-
trum (PIZ) der Luftwaffe
– Jugendoffiziere –
Postfach 902500/501/16
51140 Köln/Wahn
Tel: 0 22 03/6 02-(1), -23
33, -34 40, -47 45
Fax: 0 22 03/6 02-20 71

Rheinland-Pfalz

Wehrbereichskommando
IV/5. Panzerdivision
- Jugendoffiziere -
Freiligrathstraße 6
55131 Mainz
Tel: 0 61 31/56-22 37
Fax: 0 61 31/56-21 29

Jugendoffizier bei der
Pionierbrigade 40
Hermsdorfer Straße 2
56112 Lahnstein
Tel: 02 61/7 80-(1), -42 03
Fax: 02 61/7 80-41 85

Jugendoffizier beim
Verteidigungsbezirks-
kommando 42
Eurener Straße 50
54294 Trier
Tel: 06 51/8 19-1, -52 04
Fax: 06 51/8 19-52 06

Jugendoffizier beim
Verteidigungsbezirks-
kommando 45
Rinkenberger Weg 30
67346 Speyer
Tel: 0 62 32/3 30 71
Fax: 0 62 32/64 04 75

Kommando
2. Luftwaffendivision
- Jugendoffizier -
Im Schönewald
55765 Birkenfeld
Tel: 0 67 82/4 09 38
Fax: 0 67 82/98 13 76

Saarland

Jugendoffizier beim
Verteidigungsbezirks-
kommando 46
Wallerfanger Straße 31
66740 Saarlouis
Tel: 0 68 31/1 72-646
Fax: 0 68 31/1 72-635

Freistaat Sachsen

Wehrereichskommando
VII/13. Panzergrenadier-
division
– Jugendoffiziere –
Viertelsweg 57
04157 Leipzig
Tel: 03 41/595-(0), -21 42
Fax: 03 41/595-21 90

Jugendoffizier beim
Verteidigungsbezirks-
kommando 75
Kaßbergstraße 51
09112 Chemnitz
Tel: 03 71/30 00 76
Fax: 03 71/30 18 46-338

Jugendoffiziere beim
Verteidigungsbezirks-
kommando 76
August-Bebel-Straße 19-21
01219 Dresden
Tel: 03 51/46 54-52 87,
-53 01
Fax: 03 51/46 54-56 54

Sachsen-Anhalt

Jugendoffizier beim
Verteidigungsbezirks-
kommando 81
Nordstraße 66
06120 Halle
Tel: 03 45/55 87-238
Fax: 03 45/55 87-296

Jugendoffizier beim
Verteidigungsbezirks-
kommando 82
Diesdorfer Graseweg 7
39110 Magdeburg
Tel: 03 91/73 17-203
Tel: 03 91/73 17-202
Fax: 03 91/73 91 048

Schleswig-Holstein

Wehrbereichskommando I
– Jugendoffiziere –
Niemannsweg 220
24106 Kiel
Tel: 04 31/384-61 32,
-61 90
Fax: 04 31/384-61 49

Flottenkommando
– Jugendoffizier –
Uferstraße
24960 Glücksburg
Tel: 0 46 31/6 66-311
Fax: 0 46 31/6 66-472

Thüringen

Jugendoffizier beim
Verteidigungsbezirks-
kommando 71
Zeppelinstraße 18
99096 Erfurt
Tel: 03 61/391 61-395, -396
Fax: 03 61/391 61-376

Jugendoffizier beim
Verteidigungsbezirks-
kommando 72
Postfach 408
98503 Suhl
Tel: 036 81/4 43-(0), -405
Fax: 036 81/4 43-222

Jugendoffizier beim
Verteidigungsbezirks-
kommando 73
Weg der Freundschaft 4
07546 Gera
Tel: 03 65/6 97-(0), -302
Fax: 03 65/6 97-488

Votum für eine zivile politische Kultur